算你好姻緣

3步驟，告訴你真愛何時來，
誰是對的人！

最幸福的命理師夫妻檔 阮翔鉞 洪紹魁◎合著

0-1 本書使用說明

紫微斗數命盤的愛情地圖，只要三步驟，告訴你眞愛何時來？誰是對的人？在進入算姻緣之前，你必須先準備好你的命盤，在Yahoo或Google等任何搜尋引擎中，輸入「紫微斗數命盤免費算」。使用線上命盤查詢，輸入自己的出生年、月、日、時辰，列印出自己或對象的紫微斗數命盤。不用學會紫微斗數也沒關係，你只要跟著本書，就能輕鬆得知最佳的感情經營方式與時機。

步驟一、認識自我的感情觀

性格造就命運，這句話人人都知道，但是認識自我卻是最難的；紫微斗數星性的介紹，猶如心理學的人格分析，老祖宗非常清晰剖析你外在與內心不自知的性格。想要得到幸福，你不得不了解自我，了解之後才能學習優缺點的運用，如何克服性格上感情的障礙？如何發揮性格上感情的優勢？步驟一你不得不了解。認識自我中由三個點切入，讓你由外而內、由內而外剖析自我：

1. **外在性格**—人人皆知，你所表現出來的性格，大家所認識的你，也是你的表面色彩。
2. **內在性格**—深藏內心難以認知的性格，甚至自己也不知道，它影響著感情狀態的好壞；不自知者，內在性格往往是幸福最大的殺手。
3. **環境性格**—性格入境隨俗，環境影響人的觀念與行爲，爲了適應環境所調整出來的性格，閱歷所造就出來的性格，可能解脫或解救你的感情。

步驟二、認識你的感情路

知己知彼百戰百勝，認識了解你感情路上的主角、配角；當明確的知道對象，就能做好選擇，並且學習相處與因應之道，才能經營永續長存的幸福關係。

認識對象中為你端出三道對象，供你選擇品嚐並創造幸福：

1. **命中註定的對象（天生菜色）**—天生註定的對象。老天爺烹調好的對象，順著命運走，不管好壞你不得不吃。不知命者任宿命選擇，知命者則選擇命運。想擁有發球權嗎？這道食譜大全，你不得不仔細審閱。

2. **喜好對象（喜好菜色）**—你所喜歡的對象。遇到這道菜，你會愛之疼之欲罷不能，為之付出心甘情願、甘之如飴、無怨無悔；如何找到好吃的菜以飽口福？萬一他得你心但並不適合你呢？了解之後才能學習磨合。

3. **適合對象（養生菜色）**—喜歡你的對象。這道菜能讓你身心健康、幸福圓滿，他會對你愛之疼之欲罷不能，為之付出心甘情願、甘之如飴、無怨無悔；如何找到良人享受甜蜜？萬一他喜歡你你不喜歡他呢？了解之後才能學習磨合，惜福感恩。

步驟三、掌握感情的時機點

確認自己的感情方向後，必須審視感情的時運好壞，好時進攻、不好時保守，做好風險管理，勝於未戰之時。老祖宗智慧的流傳，就是要讓有福報的人少走冤枉路。月有陰晴圓缺、人有旦夕禍福，如何抓住獲得幸福的時機？以及幸福路上危機四伏時如何管理風險？這可是不得不學習的幸福祕訣！

感情時機點有三：

1.**姻緣斷裂線**—月下老人失責，不小心拉斷了某些人的姻緣線；姻緣線的斷裂往往使得俊男美女、善男信女無法擁有眞愛或是難以善終。你若非自願落入這不婚或婚變族群者，正是所謂先天不足，只能靠後天調理了。

2.**姻緣時機點**—在對的時機遇到不對的人，在不對的時機遇到對的人；這些窘境情非得已，如何抓準時間點是非常重要的；正確時機一到必須快狠準，而時機不對時，守靜爲安以免落入陷阱。

3.**姻緣危機點**—幸福是憑空得來的嗎？不是的，幸福是經過酸甜苦辣精釀而成的；你必須學習姻緣的危機點何時爆出戰火？才能出奇制勝、戰無不克，握住幸福緊緊不流失。

★如何獲得、營造、經營幸福

千金難買早知道，教你做好各項管理，釐清人生地圖中的眉眉角角、坑坑洞洞；再以教戰守則、實境交戰建立你正確的觀念與技巧，教你如何獲得、營造、經營幸福，圓滿人生。

如何運用天地自然的力量，爲自己創造幸福圓滿的人生？

1.**上天的恩賜、大地的瑰寶：風水學之「地氣」**

2.**我的「桃花位」在哪裡？**

3.**如何布置我的幸福風水？**

4.**運用裝飾物品之材質、色彩、形狀催桃花**

5.**藏風又聚氣、幸福不渙散**

0-2 推薦序

「紫微斗數」起源來自宋朝，由祖師「陳希夷」在華山禪修時，仰觀天象，作爲斗數推人命，綜合陰陽五行、祿命法……諸多學說，不依五星要過節，只論年月日時生。直接立盤安身命，紫微天府佈諸星的一種學說。在歷代帝王時期，並不流傳民間，直至民國四十年代才在民間出現，經有心人士參研驗證之後，方使「紫微斗數」大爲盛行。原因是「紫微斗數」不但是一套有系統，而且還能藉著星辰間相互牽引關係，配合十二宮因子之變化，而能將人們一生之窮、通、禍、福在命學中表露無遺，如此奇特的功效，焉能不使人崇拜研讀。

尤其我國命理學又是本源於儒家之寶─易學，經過數千年的對比、引證、邏輯所驗證的結晶。其準確性，決不遜於科學的求證方式，而他更可以導引人類走向一個幸福美滿的生活。由於時代的進步，物換星移，工商業發達，人們追求幸福財富的意念，不同往時；「紫微斗數」也隨著時代的轉變，不僅是推論人的命運而已，由個人齊家的感情生活、婚姻家庭，更能運用於投資理財、股市預測，也能應用於工商團隊組合、民選團隊應用，甚至製造下一代的優生學、整體人生的藍圖規畫。

翊鋮依隨本人修習十數寒暑，爲人謙虛、孝順、賢淑、做事認眞，更有善根，胸懷大志，立願懸壺濟世。今盡已學成天鉞門五術，尤其對因子之應用於婚姻組配，更是見解獨特，當即鼓勵翊鋮從速著手整理，早日出書應世，導引世人去惑解蔽，趨吉避凶，使有情人終成眷屬。翊鋮現任本會（中華天星紫微斗數研究會）第七屆理事長及天鉞門五術第二代主持。對復興中華文化，宏揚星相學術，於公於私，責無旁貸。近十幾年來，觀其做人言行，導惑教愚，有助世道人心、樂善好施，爲善不爲人知，善心義舉令人肅然起敬，特撰言以勉其志，是爲所序。

民國一〇六年初春吉日撰於台北

洪培峰

中華星紫微斗數研究會 第一、二屆理事長

0-3 作者序

紫微斗數自千年前由老祖宗夜觀星象推演而成，當時僅有皇親國戚深受其惠；而今，又在高深莫測中離群索居；利益衆生的精深學問就此深居閨中！作者感慨學術墨守成規、故步自封；應該將紫微斗數生活化，讓智慧幫助每個人解決疑難雜症，讓生活變得簡單、幸福變得容易，如此才能把老祖宗的心血廣施福澤；並且傳揚世世代代。

目前社會經濟狀態載浮載沉，物價膨脹民不聊生，面臨著國際間激烈競爭的挑戰，筆者苦民所苦心有感嘆，義憤塡膺傾己所學，與大家共赴難關，精心將命理學術應用在政商經濟各層面，乃至於個人投資理財及感情家庭；期以回饋社會。

陰陽學術歷時數千年，其中紫微斗數也一千多年了；命理依據統計學不斷印證、統計，由於資料數據充足，所以準確性很高，至少可達七成，再經由研究者熟稔的經驗分析，準確性甚至可達九成以上。筆者傳承自五術泰斗 洪培峰大師，恩師於民國七、八十年代間，運用天體運轉自然氣數，與人類思想變化而做國情民生預測，陸續發表於各刊物，頗受好評；有鑑於社會結構變遷，筆者隨師數年來統計、追蹤、驗證、鑽研斗數，累積幾十年精專分析；箇中奧祕公諸社會大衆，期助有緣人掌握自己、靈活運用，創造幸福圓滿人生，方不負老祖宗所傳留古老智慧文化。

對於紫微斗數，無論你是箇中好手，還是門外漢，或是一知半解；相信你一定看得懂這本書；老祖宗把幸福的祕密藏在紫微斗數中，筆者化繁爲簡，還畫圖給你看，不怕你看不懂，也不怕你不幸福；只怕你沒有福氣好好鑽研這本書。化古今之玄妙，白話圖示一目瞭然，原來幸福就是這麼簡單！就是要讓大家都知道，就是要讓大家都幸福；如此，這套學問絕不會失傳，還可以更加精進發展，確確實實地受惠到眾人；這就是筆者的心願。

簡易的三大步驟，讓你由自我了解，進一步認識對方，知己知彼百戰百勝，甚至準確地抓住幸福與風險管理的時機點；這是套計劃周詳嚴密的幸福大計；你想擁有圓滿的人生嗎？那就好好循著本書的方向指引，循序漸進，邁向幸福的捷徑吧！每一張地圖都引領著我們接近幸福，享受幸福的同時也能提升精神；我與夫婿洪紹魁老師合著出書，運用天鉞門獨到的能量風水學，讓你我的幸福進退自如、長治永安、頤養天年；修身齊家甚至能夠回饋社會，福慧雙修。有緣人分享，嘉惠普羅大眾。

謹致丁酉年夏

阮翔鉞
洪紹魁

0-4 運用紫微斗數獲得幸福實例——葉先生與古女士

• 親身經歷

本門葉先生及古女士經由本書裡的幸福地圖締結良緣，成家立業、五子登科，晉身幸福圓滿的齊家行列。

觀念建立：葉先生及古女士自拜師入門，學習陰陽之術，善加運用天鉞門的紫微斗數及風水學術，家庭和樂興業、圓滿如意，經由阮翔鉞及洪紹魁老師引導建立觀念，在感情婚姻方面經營得當；目前仍潛心學習五術之道修身養性。葉先生及古女士所學習的正是筆者所著《算你好姻緣》的幸福三要訣。

以下用葉先生與古女士的命盤示範本書如何運用。

• 幸福要訣一：認識自我的感情觀（參考39頁）

葉先生與古女士依據紫微斗數算感情，從了

僕役宮 小限11歲 乙 天同廟(權) 左輔 陀羅陷 八座 天馬 封誥 鳳閣 歲建 指背 73 - 82 癸乙丁己辛 巳	遷移宮 小限12歲 丙 武曲廟 天府廟 祿存廟 火星廟 咸池 (身) 晦氣 63 - 72 甲丙戊庚壬 午	疾厄宮 小限1歲 丁 太陽 太陰陷(祿) 文曲廟 文昌 擎羊廟 喪門 53 - 62 乙丁己辛癸 未	財帛宮 小限2歲 戊 貪狼 天空 解神 孤辰 貫索 43 - 52 丙戊庚壬甲 申
官祿宮 小限10歲 甲 破軍廟 天喜 寡宿 病符 83 - 92 壬甲丙戊庚 辰	葉先生 民國66年次		子女宮 小限3歲 己 天機廟(科) 巨門廟(忌) 右弼 天鉞 三台 台輔 龍池 官符 33 - 42 丁己辛癸乙 酉
田宅宮 小限9歲 癸 弔客 93 - 102 辛癸乙丁己 卯			夫妻宮 小限4歲 庚 紫微 天相 天貴 恩光 天刑 紅鸞 小耗 23 - 32 戊庚壬甲丙 戌
福德宮 小限8歲 壬 廉貞廟 地劫 天姚 天德 103 - 112 庚壬甲丙戊 寅	父母宮 小限7歲 癸 鈴星 天哭 華蓋 白虎 113 - 122 辛癸乙丁己 丑	命宮 小限6歲 壬 七殺廟 陰煞 龍德 3 - 12 庚壬甲丙戊 (子)	兄弟宮 小限5歲 辛 天梁陷 天魁 天虛 大耗 13 - 22 己辛癸乙丁 亥

▲葉先生紫微斗數命盤

解自我對於感情的外在表現和內在所需，以及後天環境對自己的影響；開始尋求適合自己的對象，經營培養感情、確立幸福的基礎。

2-1 外在性格：看命宮星宿；葉先生命宮的七殺星與古女士命宮的貪狼星，二顆情場殺手星，深知自己喜好冒險的精神，需要具有挑戰性的感情，相互成爲彼此經營情感、婚姻生活，不可或缺的絕佳拍檔，恍如電影《史密斯夫婦》。

2-2 內心性格：看福德宮星宿；葉先生福德宮的廉貞星與福德宮古女士的紫微星及天相星，有別於外表的激進犯險，骨子裡祈求的其實是能夠掌控、穩定的感情。由於夫妻雙方的內外在皆屬於同類型星宿，彼此自能夠投其所好、水乳交融。

2-3 環境性格：看身宮星宿；葉先生與古女士的身宮皆爲武曲星及天府星，後天環境造就夫妻相同的際遇，培養了對生活體驗的革命情感；眞

子女宮 小限3歲 乙 天同廟(權) 右弼 陀羅陷 天馬 台輔 鳳閣 歲建 指背 92 - 101 癸乙丁己辛 巳	夫妻宮 小限2歲 丙 武曲廟 天府廟 祿存廟 天姚 咸池 (身) 晦氣 102 - 111 甲丙戊庚壬 午	兄弟宮 小限1歲 丁 太陽 太陰陷(祿) 擎羊廟 喪門 112 - 121 乙丁己辛癸 未	命宮 小限12歲 戊 貪狼 天貴 孤辰 貫索 2 - 11 丙戊庚壬甲 (申)
財帛宮 小限4歲 甲 破軍廟 恩光 陰煞 天喜 寡宿 病符 82 - 91 壬甲丙戊庚 辰	古女士 民國66年次		父母宮 小限11歲 己 天機廟(科) 巨門廟(忌) 左輔 天鉞 鈴星 龍池 官符 12 - 21 丁己辛癸乙 酉
疾厄宮 小限5歲 癸 文曲 三台 弔客 72 - 81 辛癸乙丁己 卯			福德宮 小限10歲 庚 紫微 天相 地劫 紅鸞 小耗 22 - 31 戊庚壬甲丙 戌
遷移宮 小限6歲 壬 廉貞廟 火星廟 天刑 天德 62 - 71 庚壬甲丙戊 寅	僕役宮 小限7歲 癸 封誥 天哭 華蓋 白虎 52 - 61 辛癸乙丁己 丑	官祿宮 小限8歲 壬 七殺廟 天空 解神 龍德 42 - 51 庚壬甲丙戊 子	田宅宮 小限9歲 辛 天梁陷 文昌 天魁 八座 天虛 大耗 32 - 41 己辛癸乙丁 亥

▲古女士紫微斗數命盤

是天賜良緣、天作之合；夫唱婦隨、婦吟夫伴，鶼鰈情深。

●幸福要訣二：認識你的感情路（參考75頁）

接下來，必須看葉先生與古女士是否適合對方？也就是，從自己夫妻宮的星宿觀看，是否能對應到另一半的福德宮或身宮星宿？

葉先生夫妻宮的紫微星及天相星，爲古女士的福德宮星宿（內在性格）。

古女士夫妻宮的武曲星及天府星，爲葉先生的身宮星宿（環境性格）。

依據紫微斗數，彼此互爲對方的命中註定的對象（3-1），契合了感情的認知與條件，懂得學習如何相處，就能經營幸福的婚姻家庭。

彼此非喜愛對象（3-2），亦非適合對象（3-3），是命中註定遇到的人，雖不是最可口的那道菜，但卻是最相依的另一半。

●幸福要訣三：掌握感情的時機點（參考103頁）

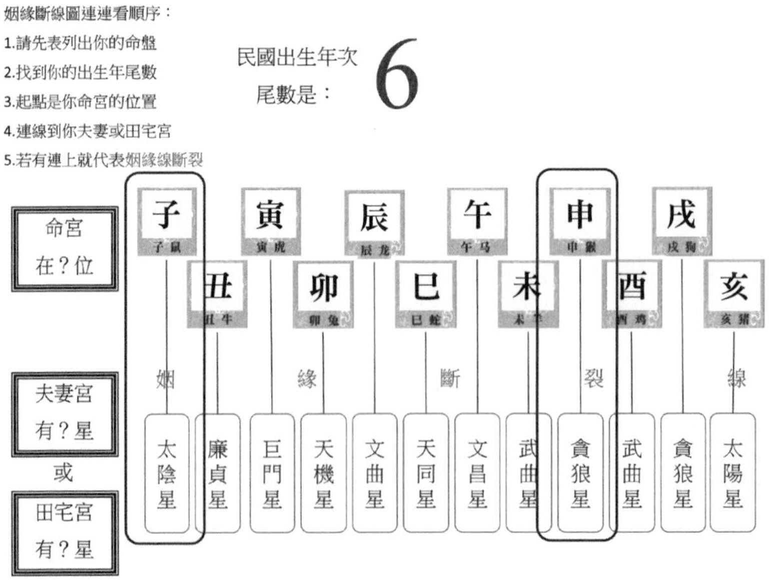

再來，既然葉先生及古女士已經知道彼此是命中註定的對象，如何掌握住建立家庭的好時機呢？

4-1 檢視有無姻緣斷裂線？

葉先生與古女士的民國出生年次尾數皆爲「6」

葉先生命宮在「子」，連線到夫妻宮或田宅宮並沒有「太陰星」；無姻緣斷裂線。

古女士命宮在「申」，連線到夫妻宮或田宅宮並沒有「貪狼星」；無姻緣斷裂線。

葉先生及古女士無姻緣斷裂線，所以能遇得到結合情緣的對象。

命宮	子	丑	寅	卯	辰	巳	午	未	申	酉	戌	亥
夫妻宮或田宅宮	太陰星	廉貞星	巨門星	天機星	文曲星	天同星	文昌星	武曲星	貪狼星	武曲星	貪狼星	太陽星

4-2 尋覓吉祥擇日，算出結婚時機點在何時？

從姻緣時機點表格，算出葉先生和古女士的結婚時機點。

葉先生命宮在子、生肖蛇、命宮星宿七殺星、出生年次尾數6，找到結婚時機點爲「35歲」。古女士的命宮在申、生肖蛇、命宮星宿貪狼星、出生年次尾數6，結婚時機點也是「35歲」。這一年，大祿流祿小祿入流年四正位（靈動力最強）：化祿星落入西元2011流年辛卯當年的命宮及田宅宮，引動結婚靈動力；在無先天與後天的阻力下，姻緣有成。

不過，雙方雖適逢姻緣時機點，但忌星卻入葉先生的夫妻宮與古女士的福德宮，難免影響感情與成家之決心。葉先生與古女士彼此相愛，但對於婚姻起初抱持不同想法，葉先生因對步入婚姻感到猶豫，古女士因而前來求助。

這次算出葉先生結婚最好的時機點是35歲。古女士有幫夫運，兩人成家後將會立業。這次輔導增加了兩人的信心，有情人終成眷屬，圓滿成婚。民國101辛卯年為他們婚姻的時機點，當年便登記舉辦婚禮。

4-3 姻緣危機點之流年命盤風險管理：

葉先生命宮在子、生肖蛇、命宮星宿七殺星、出生年次尾數6，找到姻緣危機點為「39歲」；而古女士的命宮在申、生肖蛇、命宮星宿貪狼星、出生年次尾數6，姻緣危機點同是「39歲」；姻緣危機點靈動的產生，代表時運落入了「情感破裂」及「家宅不寧」的線條上；意指紫微斗數中化忌星入夫妻宮或子田線，引發了情感

[illegible]	性別	紫微/貪狼	天機/巨門	太陽/天梁	武曲/天府	天同/太陰	廉貞/天相	七殺星	破軍星
0	男	26 或 29 或 32 或 34 或 37 歲	22 或 25 或 28 或 33 或 36 歲	26 或 29 或 32 或 34 或 37 歲	25 或 28 或 31 或 33 或 36 歲	24 或 27 或 30 或 32 或 35 歲	27 或 30 或 33 或 35 或 38 歲	25 或 28 或 31 或 33 或 36 歲	27 或 30 或 33 或 35 或 38 歲
	女	26 或 29 或 32 或 33 或 36 歲	24 或 27 或 30 或 32 或 35 歲	26 或 29 或 32 或 33 或 36 歲	27 或 30 或 33 或 35 或 38 歲	22 或 25 或 28 或 34 或 37 歲	25 或 28 或 31 或 34 或 37 歲	27 或 30 或 33 或 35 或 38 歲	25 或 28 或 31 或 34 或 37 歲
1	男	26 或 29 或 32 或 34 或 37 歲	22 或 25 或 28 或 33 或 36 歲	26 或 29 或 32 或 34 或 37 歲	25 或 28 或 31 或 33 或 36 歲	24 或 27 或 30 或 34 或 37 歲	27 或 30 或 33 或 35 或 38 歲	25 或 28 或 31 或 33 或 36 歲	27 或 30 或 33 或 35 或 38 歲
	女	26 或 29 或 32 或 34 或 37 歲	24 或 27 或 30 或 32 或 35 歲	26 或 29 或 32 或 34 或 37 歲	27 或 30 或 33 或 35 或 38 歲	22 或 25 或 28 或 32 或 35 歲	25 或 28 或 31 或 32 或 35 歲	27 或 30 或 33 或 35 或 38 歲	25 或 28 或 31 或 32 或 35 歲
2	男	26 或 29 或 32 或 33 或 36 歲	22 或 25 或 28 或 32 或 35 歲	26 或 29 或 32 或 33 或 36 歲	25 或 28 或 31 或 32 或 35 歲	24 或 27 或 30 或 33 或 36 歲	27 或 30 或 33 或 34 或 37 歲	25 或 28 或 31 或 32 或 35 歲	27 或 30 或 33 或 34 或 37 歲
	女	27 或 30 或 33 或 34 或 37 歲	22 或 25 或 28 或 32 或 35 歲	27 或 30 或 33 或 34 或 37 歲	25 或 28 或 31 或 32 或 35 歲	23 或 26 或 29 或 33 或 36 歲	26 或 29 或 32 或 33 或 36 歲	25 或 28 或 31 或 32 或 35 歲	26 或 29 或 32 或 33 或 36 歲
3	男	27 或 30 或 33 或 34 或 37 歲	22 或 25 或 28 或 33 或 36 歲	27 或 30 或 33 或 34 或 37 歲	25 或 28 或 31 或 33 或 36 歲	23 或 26 或 29 或 32 或 35 歲	26 或 29 或 32 或 35 或 38 歲	25 或 28 或 31 或 33 或 36 歲	26 或 29 或 32 或 35 或 38 歲
	女	27 或 30 或 33 或 34 或 37 歲	22 或 25 或 28 或 33 或 36 歲	27 或 30 或 33 或 34 或 37 歲	25 或 28 或 31 或 33 或 36 歲	23 或 26 或 29 或 32 或 35 歲	26 或 29 或 32 或 35 或 38 歲	25 或 28 或 31 或 33 或 36 歲	26 或 29 或 32 或 35 或 38 歲
4	男	27 或 30 或 33 或 34 或 37 歲	22 或 25 或 28 或 32 或 35 歲	25 或 28 或 31 或 34 或 37 歲	25 或 28 或 31 或 32 或 35 歲	23 或 26 或 29 或 33 或 36 歲	26 或 29 或 32 或 33 或 36 歲	25 或 28 或 31 或 32 或 35 歲	26 或 29 或 32 或 33 或 36 歲
	女	26 或 29 或 32 或 34 或 37 歲	22 或 25 或 28 或 32 或 35 歲	26 或 29 或 32 或 34 或 37 歲	25 或 28 或 31 或 32 或 35 歲	24 或 27 或 27 或 33 或 36 歲	27 或 30 或 33 或 36 或 39 歲	25 或 28 或 31 或 32 或 35 歲	27 或 30 或 33 或 36 或 39 歲
5	男	26 或 29 或 32 或 33 或 36 歲	24 或 27 或 30 或 32 或 35 歲	26 或 29 或 32 或 33 或 36 歲	27 或 30 或 33 或 35 或 38 歲	22 或 25 或 28 或 34 或 37 歲	25 或 28 或 31 或 34 或 37 歲	27 或 30 或 33 或 35 或 38 歲	25 或 28 或 31 或 34 或 37 歲
	女	26 或 29 或 32 或 34 或 37 歲	22 或 25 或 28 或 33 或 36 歲	26 或 29 或 32 或 34 或 37 歲	25 或 28 或 31 或 33 或 36 歲	24 或 27 或 30 或 32 或 35 歲	27 或 30 或 33 或 35 或 38 歲	25 或 28 或 31 或 33 或 36 歲	27 或 30 或 33 或 35 或 38 歲
6	男	26 或 29 或 32 或 34 或 37 歲	24 或 27 或 30 或 32 或 35 歲	26 或 29 或 32 或 34 或 37 歲	27 或 30 或 33 或 35 或 38 歲	22 或 25 或 28 或 32 或 35 歲	25 或 28 或 31 或 32 或 35 歲	27 或 30 或 33 或 35 或 38 歲	25 或 28 或 31 或 32 或 35 歲
	女	26 或 29 或 32 或 34 或 37 歲	22 或 25 或 28 或 33 或 36 歲	26 或 29 或 32 或 34 或 37 歲	25 或 28 或 31 或 33 或 36 歲	24 或 27 或 30 或 34 或 37 歲	27 或 30 或 33 或 35 或 38 歲	25 或 28 或 31 或 33 或 36 歲	27 或 30 或 33 或 35 或 38 歲
7	男	27 或 30 或 33 或 34 或 37 歲	22 或 25 或 28 或 32 或 35 歲	27 或 30 或 33 或 34 或 37 歲	25 或 28 或 31 或 32 或 35 歲	23 或 26 或 29 或 33 或 36 歲	26 或 29 或 32 或 33 或 36 歲	25 或 28 或 31 或 32 或 35 歲	26 或 29 或 32 或 33 或 36 歲
	女	26 或 29 或 32 或 33 或 36 歲	22 或 25 或 28 或 32 或 35 歲	26 或 29 或 32 或 33 或 36 歲	25 或 28 或 31 或 32 或 35 歲	24 或 27 或 30 或 33 或 36 歲	27 或 30 或 33 或 34 或 37 歲	25 或 28 或 31 或 32 或 35 歲	27 或 30 或 33 或 34 或 37 歲
8	男	27 或 30 或 33 或 34 或 37 歲	22 或 25 或 28 或 33 或 36 歲	27 或 30 或 33 或 34 或 37 歲	25 或 28 或 31 或 33 或 36 歲	23 或 26 或 29 或 32 或 35 歲	26 或 29 或 32 或 35 或 38 歲	25 或 28 或 31 或 33 或 36 歲	26 或 29 或 32 或 35 或 38 歲
	女	27 或 30 或 33 或 34 或 37 歲	22 或 25 或 28 或 33 或 36 歲	27 或 30 或 33 或 34 或 37 歲	25 或 28 或 31 或 33 或 36 歲	23 或 26 或 29 或 32 或 35 歲	26 或 29 或 32 或 35 或 38 歲	25 或 28 或 31 或 33 或 36 歲	26 或 29 或 32 或 35 或 38 歲
9	男	26 或 29 或 32 或 34 或 37 歲	22 或 25 或 28 或 32 或 35 歲	26 或 29 或 32 或 34 或 37 歲	25 或 28 或 31 或 32 或 35 歲	24 或 27 或 27 或 33 或 36 歲	27 或 30 或 33 或 36 或 39 歲	25 或 28 或 31 或 32 或 35 歲	27 或 30 或 33 或 36 或 39 歲
	女	27 或 30 或 33 或 34 或 37 歲	22 或 25 或 28 或 32 或 35 歲	25 或 28 或 31 或 34 或 37 歲	25 或 28 或 31 或 32 或 35 歲	23 或 26 或 29 或 33 或 36 歲	26 或 29 或 32 或 33 或 36 歲	25 或 28 或 31 或 32 或 35 歲	26 或 29 或 32 或 33 或 36 歲

[illegible]	性別	紫微/天府	天機/太陰	太陽/巨門	武曲/天相	天同/天梁	廉貞/貪狼	七殺星	破軍星
0	男	26 或 29 或 32 或 35 或 38 歲	24 或 27 或 30 或 34 或 37 歲	23 或 26 或 29 或 32 或 35 歲	27 或 30 或 33 或 34 或 37 歲	22 或 25 或 28 或 33 或 36 歲	25 或 28 或 31 或 33 或 36 歲	26 或 29 或 32 或 35 或 38 歲	27 或 30 或 33 或 34 或 37 歲
	女	27 或 30 或 33 或 36 或 39 歲	23 或 26 或 29 或 34 或 37 歲	24 或 27 或 30 或 33 或 36 歲	26 或 29 或 32 或 34 或 37 歲	22 或 25 或 28 或 32 或 35 歲	25 或 28 或 31 或 32 或 35 歲	27 或 30 或 33 或 36 或 39 歲	26 或 29 或 32 或 34 或 37 歲
1	男	25 或 28 或 31 或 34 或 37 歲	23 或 26 或 29 或 33 或 36 歲	22 或 25 或 28 或 34 或 37 歲	26 或 29 或 32 或 33 或 36 歲	24 或 27 或 30 或 32 或 35 歲	27 或 30 或 33 或 35 或 38 歲	25 或 28 或 31 或 34 或 37 歲	26 或 29 或 32 或 33 或 36 歲
	女	26 或 29 或 32 或 33 或 36 歲	24 或 27 或 30 或 33 或 36 歲	23 或 26 或 29 或 33 或 36 歲	27 或 30 或 33 或 34 或 37 歲	22 或 25 或 28 或 32 或 35 歲	25 或 28 或 31 或 32 或 35 歲	26 或 29 或 32 或 33 或 36 歲	27 或 30 或 33 或 34 或 37 歲
2	男	27 或 30 或 33 或 35 或 38 歲	23 或 26 或 29 或 34 或 37 歲	24 或 27 或 30 或 32 或 35 歲	26 或 29 或 32 或 34 或 37 歲	22 或 25 或 28 或 33 或 36 歲	25 或 28 或 31 或 33 或 36 歲	27 或 30 或 33 或 35 或 38 歲	26 或 29 或 32 或 34 或 37 歲
	女	27 或 30 或 33 或 35 或 38 歲	23 或 26 或 29 或 34 或 37 歲	24 或 27 或 30 或 32 或 35 歲	26 或 29 或 32 或 34 或 37 歲	22 或 25 或 28 或 33 或 36 歲	25 或 28 或 31 或 33 或 36 歲	27 或 30 或 33 或 35 或 38 歲	26 或 29 或 32 或 34 或 37 歲
3	男	26 或 29 或 32 或 33 或 36 歲	24 或 27 或 30 或 34 或 37 歲	23 或 26 或 29 或 33 或 36 歲	27 或 30 或 33 或 34 或 37 歲	22 或 25 或 28 或 32 或 35 歲	25 或 28 或 31 或 32 或 35 歲	26 或 29 或 32 或 33 或 36 歲	27 或 30 或 33 或 34 或 37 歲
	女	25 或 28 或 31 或 33 或 36 歲	23 或 26 或 29 或 34 或 37 歲	22 或 25 或 28 或 33 或 36 歲	26 或 29 或 32 或 34 或 37 歲	24 或 27 或 30 或 32 或 35 歲	27 或 30 或 33 或 35 或 38 歲	25 或 28 或 31 或 33 或 36 歲	26 或 29 或 32 或 34 或 37 歲
4	男	27 或 30 或 33 或 34 或 37 歲	23 或 26 或 29 或 30 或 33 歲	24 或 27 或 30 或 34 或 37 歲	26 或 29 或 32 或 33 或 36 歲	22 或 25 或 28 或 32 或 35 歲	25 或 28 或 31 或 32 或 35 歲	27 或 30 或 33 或 34 或 37 歲	26 或 29 或 32 或 33 或 36 歲
	女	26 或 29 或 32 或 35 或 38 歲	24 或 27 或 30 或 34 或 37 歲	23 或 26 或 29 或 32 或 35 歲	27 或 30 或 33 或 34 或 37 歲	22 或 25 或 28 或 33 或 36 歲	25 或 28 或 31 或 33 或 36 歲	26 或 29 或 32 或 35 或 38 歲	27 或 30 或 33 或 34 或 37 歲
5	男	27 或 30 或 33 或 36 或 39 歲	23 或 26 或 29 或 34 或 37 歲	24 或 27 或 30 或 33 或 36 歲	26 或 29 或 32 或 34 或 37 歲	22 或 25 或 28 或 32 或 35 歲	25 或 28 或 31 或 32 或 35 歲	27 或 30 或 33 或 36 或 39 歲	26 或 29 或 32 或 34 或 37 歲
	女	26 或 29 或 32 或 35 或 38 歲	24 或 27 或 30 或 34 或 37 歲	23 或 26 或 29 或 32 或 35 歲	27 或 30 或 33 或 34 或 37 歲	22 或 25 或 28 或 33 或 36 歲	25 或 28 或 31 或 33 或 36 歲	26 或 29 或 32 或 35 或 38 歲	27 或 30 或 33 或 34 或 37 歲
6	男	26 或 29 或 32 或 33 或 36 歲	24 或 27 或 30 或 33 或 36 歲	23 或 26 或 29 或 33 或 36 歲	27 或 30 或 33 或 34 或 37 歲	22 或 25 或 28 或 32 或 35 歲	25 或 28 或 31 或 32 或 35 歲	26 或 29 或 32 或 33 或 36 歲	27 或 30 或 33 或 34 或 37 歲
	女	25 或 28 或 31 或 34 或 37 歲	23 或 26 或 29 或 33 或 36 歲	22 或 25 或 28 或 34 或 37 歲	26 或 29 或 32 或 33 或 36 歲	24 或 27 或 30 或 32 或 35 歲	27 或 30 或 33 或 35 或 38 歲	25 或 28 或 31 或 34 或 37 歲	26 或 29 或 32 或 33 或 36 歲
7	男	27 或 30 或 33 或 35 或 38 歲	23 或 26 或 29 或 34 或 37 歲	24 或 27 或 30 或 32 或 35 歲	26 或 29 或 32 或 34 或 37 歲	22 或 25 或 28 或 33 或 36 歲	25 或 28 或 31 或 33 或 36 歲	27 或 30 或 33 或 35 或 38 歲	26 或 29 或 32 或 34 或 37 歲
	女	27 或 30 或 33 或 35 或 38 歲	23 或 26 或 29 或 34 或 37 歲	24 或 27 或 30 或 32 或 35 歲	26 或 29 或 32 或 34 或 37 歲	22 或 25 或 28 或 33 或 36 歲	25 或 28 或 31 或 33 或 36 歲	27 或 30 或 33 或 35 或 38 歲	26 或 29 或 32 或 34 或 37 歲
8	男	25 或 28 或 31 或 33 或 36 歲	23 或 26 或 29 或 34 或 37 歲	22 或 25 或 28 或 33 或 36 歲	26 或 29 或 32 或 34 或 37 歲	24 或 27 或 30 或 32 或 35 歲	27 或 30 或 33 或 35 或 38 歲	25 或 28 或 31 或 33 或 36 歲	26 或 29 或 32 或 34 或 37 歲
	女	26 或 29 或 32 或 33 或 36 歲	24 或 27 或 30 或 34 或 37 歲	23 或 26 或 29 或 33 或 36 歲	27 或 30 或 33 或 34 或 37 歲	22 或 25 或 28 或 32 或 35 歲	25 或 28 或 31 或 32 或 35 歲	26 或 29 或 32 或 33 或 36 歲	27 或 30 或 33 或 34 或 37 歲
9	男	26 或 29 或 32 或 35 或 38 歲	24 或 27 或 30 或 34 或 37 歲	23 或 26 或 29 或 32 或 35 歲	27 或 30 或 33 或 34 或 37 歲	22 或 25 或 28 或 33 或 36 歲	25 或 28 或 31 或 33 或 36 歲	26 或 29 或 32 或 35 或 38 歲	27 或 30 或 33 或 34 或 37 歲
	女	27 或 30 或 33 或 34 或 37 歲	23 或 26 或 29 或 30 或 33 歲	24 或 27 或 30 或 34 或 37 歲	26 或 29 或 32 或 33 或 36 歲	22 或 25 或 28 或 32 或 35 歲	25 或 28 或 31 或 32 或 35 歲	27 或 30 或 33 或 34 或 37 歲	26 或 29 或 32 或 33 或 36 歲

▲上圖為葉先生的結婚時機點；下圖為古女士的。

破裂或家宅不寧；西元2015年葉先生的流年命宮忌星重疊，流年不利災險難逃，必須靠後天強力能量改造以趨吉避凶。

出生年尾數/命宮星宿	性別	廉貞/貪狼
0	男	29 或 42 或 52 歲
	女	31 或 45 或 51 歲
1	男	30 或 41 或 53 歲
	女	26 或 40 或 52 歲
2	男	28 或 42 或 53 歲
	女	31 或 43 或 54 歲
3	男	29 或 41 或 54 歲
	女	27 或 43 或 55 歲
4	男	28 或 39 或 51 歲
	女	30 或 43 或 55 歲
5	男	31 或 45 或 51 歲
	女	29 或 42 或 52 歲
6	男	26 或 40 或 52 歲
	女	30 或 39 或 53 歲
7	男	31 或 43 或 54 歲
	女	28 或 42 或 53 歲
8	男	27 或 43 或 55 歲
	女	29 或 41 或 54 歲
9	男	30 或 43 或 55 歲
	女	28 或 39 或 51 歲

出生年尾數/命宮星宿	性別	七殺星
0	男	25 或 37 或 44 歲
	女	27 或 33 或 48 歲
1	男	22 或 36 或 49 歲
	女	27 或 33 或 45 歲
2	男	22 或 34 或 47 歲
	女	23 或 35 或 44 歲
3	男	24 或 37 或 45 歲
	女	23 或 36 或 48 歲
4	男	24 或 35 或 49 歲
	女	25 或 31 或 47 歲
5	男	27 或 33 或 48 歲
	女	25 或 37 或 44 歲
6	男	27 或 39 或 45 歲
	女	22 或 36 或 49 歲
7	男	23 或 35 或 44 歲
	女	22 或 34 或 47 歲
8	男	23 或 36 或 48 歲
	女	24 或 37 或 45 歲
9	男	25 或 31 或 47 歲
	女	24 或 35 或 49 歲

- **如何獲得、營造、經營幸福**（參考第167頁）

分析葉先生與古女士的配對幸福指數分析表，平均60分屬於中上佳偶。

葉先生與古女士的配對可以組織出興家立業的格局，精神與物質終生滿足；惟身體因素影響到健康及優生，故而必須著重於養生調理；葉先生與古女士深愛對方，彼此非常用心經營，居家風水從不掉以輕心；結婚初期請洪紹魁老師勘測居家風水，僅一間房間有地氣，安置矽晶床突破身體因素的先天障礙，於民國102年懷孕並添置新房，費心挑選地氣強盛之屋宅，於103年喜獲聰慧千金，五子登科；如今繼續累積財富，並規劃再添寶寶。經由此例可知幸福是可以營造的，透過後天的經營、天助人助圓滿人生。

	物質	精神	身體	平均
葉先生⇨古女士	70	60	50	60
古女士⇨葉先生	70	60	50	60
總合平均	60.00			

目錄

第1章

紫微斗數算愛 誰能得到幸福

1-1 紫微斗數算感情，讓你找到對的人

陰陽學術已歷時數千年，其中紫微斗數自宋朝至今也一千多年了，命理學術正如統計學不斷引據應證，由於歷史悠久資料數據充足，所以準確性頗高達七成，再經由研究者經驗演算甚至可達九成以上準確度。

老祖宗的智慧早就寫出了陰陽、男女、因子、關係、姻緣、感情盡在其中，娓娓道出陰陽關係中，男女之間爲何有些關係令人刻骨銘心？二人結合具事業財富助力而興家立業？精神肉體契合而永難割捨白首偕老？卻又有些人是孽緣排斥而互相傷害呢？

紫微斗數之推演論事相當準確，其中最高深的因子學早已失傳，經恩師洪培峰大師精研驗證再現於世；紫微斗數因子學即爲帝王術，古時候並未流傳民間，嚴格限用於皇親國戚：軍師運用因子學爲皇帝挑選皇后與妃子，選擇對皇帝有事業助力的皇后以安邦興國，對皇帝有感情因子的對象爲嬪妃傳宗接代；挑選政商助力的宰相、武將、財經等高官協助皇帝治理國家……上主者必以良師爲佐，故而皇帝若有高明的軍師輔佐，組織人生藍圖，無私爲國獻策治理故得盛世。今日榮幸紫微斗數因子學可爲你所用，請正心正念爲自己規劃一張圓滿的人生地圖，以獲得幸福也回饋社會、利益衆生。

老祖宗智慧流傳至今，可惜沒有人將這精髓生活化以受惠大衆，總令人覺得高不可攀；作者有感學術流傳以求智慧永存且更加精進；以我輔導感情十餘年來的經驗，深深感嘆只遇到三對天賜佳偶，七成是孽緣相欠債，眞愛如此難逢？得者惜之學習經營，得不到者請研讀此書善修課業；今天我與紹

魁聯袂盡其所學，將流傳千年的古老智慧，與有緣人分享，期待爲讀者創造幸福圓滿人生。

紫微斗數命盤，宛若一張人生地圖。
情與無情、同圓種智，
請帶著愛與智慧來圓滿你的人生。

1-2 「我有幸福的本事嗎？」老祖宗的生存之道

感情路途是順還是歹？請謹記老祖宗流傳的生存之道！一句流傳許久的老祖宗智慧語錄，蘊含著創造幸福的道理，只要你能懂，妥善運用、執行、體會，幸福就會在你手裡！

「我有幸福的本事嗎？」老祖宗流傳的生存十五訣：
一命、二運、三風水、四積陰德、五讀書、
六名、七相、八敬神、九交貴人、十養生，
十一擇業與擇偶，十二趨吉及避凶，
十三逢苦要無怨，十四不固執善惡，
十五榮光因緣來…

老祖宗的這十五訣，道盡了待人處事幸福圓滿的原則：

欲善其事，先利其器。

【一命】我有幸福的命格嗎？

先天命格中，有人幸福美滿；有人幸福難求、有緣無份、無緣有份……如何認識？如何了解？如何解惑？

【二運】我有幸福的運氣嗎？

有命格沒有運氣，幸福美滿也終將破滅；沒有命格卻有運氣，緊握在手創造幸福。如何做好風險管理經營幸福？

【三風水】同年同月同日生一樣幸福嗎？

後天風水營造幸福格局，突破先天障礙，知命掌運規劃人生，造命佈局，幸福長存。如何運用天地自然爲我所用創造幸福？

【四積陰德】積陰德，即使已經獲得幸福，仍舊要惜福感恩，行善積德、回饋社會，方能長治永安、福德綿延、享受晚福。

【五讀書】學習老祖宗智慧，知命掌運提升身心靈層次，修身、齊家、治國、平天下。人生路上智慧增長，是向上提升唯一的途徑。

有命無運是空談、無命有運是奇蹟、有命有運是福氣、無命無運靠後天；有運無風水是小確幸、無運有風水是平安、有運有風水大幸福、無運無風水災禍臨；有風水無積德情難守、無風水有積德保平安、有風水有積德幸福長存、無風水無積德禍不單行；有積德無讀書平庸人生、無積德有讀書及時向善、有積德有讀書福慧雙全、無積德無讀書終難翻身。

六名取好名衆星拱月、七相轉好相相由心生、八敬神尊重傳統禮俗、九交貴人心存感激、十養生健康就是財富、十一擇業與擇偶助力因子事半功倍、十二趨吉避凶知命掌運、十三逢苦要無怨心態健康積極、十四不固執善惡廣納箴言、十五榮光因緣來成功人生！

老祖宗字字句句苦口婆心，幸福人人都愛，具備一至三的老祖宗箴言時，有命有運有風水的確減少了努力，事半功倍，但是知己知彼、腳踏實地、積極正面才能眞正趁勢而發；當天時、地利、人和具備時即可獲得幸福；獲得幸福之後，別忘了經營才是眞功夫；謹記四至十五的老祖宗箴言，懂得感恩惜福，才有資格獲得琴瑟和鳴、鶼鰈情深的幸福人生。

1-3 在感情中，我屬於哪一種類型？

欲勝人者、必先自勝、欲知人者、必先自知；談感情前先搞清楚自己是哪樣情種？透過認識紫微斗數的星宿感情觀，掌握自己才能尋得良緣、擁有幸福，並且懂得經營、幸福長存、白首偕老。

想知道紫微斗數每個主星給人的感情形象嗎？

想知道紫微斗數每個主星內在不爲人知的感情觀念嗎？

想知道紫微斗數每個主星隨著閱歷不同包裝過的感情態度嗎？

你是屬於哪個星宿？本書教你了解感情路的第一步！

每一顆星都有專屬自己的感情觀及情感模式；你了解自己嗎？知道自己的桃花指數嗎？「性格決定命運」，徹底了解自己，才能揚善隱惡，尋求適合自己的感情路，發揮自己的特長、修正自己的缺點，感情路上其實可以很幸福！

首先將自己的八字排列出紫微斗數命盤，依據「命宮」的星宿告訴你，原來你的感情觀是如何？紫微斗數命表上，找出命宮位置裡的星宿？命盤列印方式，可上網路搜尋「紫微斗數免費命盤」，輸入個人八字列出命盤，即可找出自己命宮中的星宿！像下圖一樣，從命盤中找出命宮的地支（此例爲「子」），再以命宮裡的星宿來做感情分析。

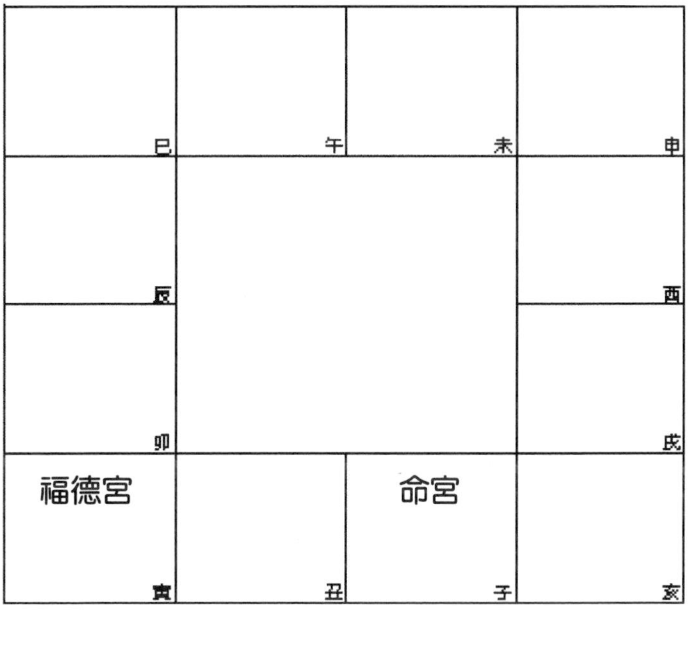

由命宮可以直窺你的福德宮爲何星宿，並由其星宿的星性，可以大致了解你的感情觀與對應關係。依下表可以找到你的愛情觀，讓你方向明確，突破自我的迷思。若已有心儀的對象，也可透過命宮和福德宮星宿了解對方的感情觀。

◎自我感情觀[1]

命宮星宿	外在性格	福德宮星宿	內在性格	情感殺手
紫微星	帝王般的愛情，唯我獨尊、不容侵犯、掌控全局、我行我素。	不定星	藏著不安定的性格，時而穩重、時而浮動，令人難以捉摸。	性格孤傲、耳根子軟，容易陷入甜言蜜語、口蜜腹劍之中。
天機星	友情般的愛情，友誼長存、左顧右盼、性慈心軟、優柔寡斷。	不定星	內心與外在一般浮動，擇偶謹慎反覆思量，存在強烈的不安全感。	性慈心軟、念舊難捨，即便有更好的對象也難捨舊愛，陷入苦戰。
太陽星	陽光般的愛情，熱情耀眼、慇勤有勁、瘋狂驚喜、博愛多情。	天機星	內心與外在完全不同，激情過後陷入謹慎考量，堅定或重新選擇。	博愛導致多情令人誤解，面對情敵時，因為激不得而產生憾事。
武曲星	金錢般的愛情，No Money No Honey、實際導向、剛毅孤寡。	不定星	藏著不安定的性格，時而穩重、時而浮動，令人難以捉摸。	性格強硬缺乏彈性，物質衡量擺前頭，凡事就事論事不談情理。
天同星	慵懶天真的愛情，溫和柔情、感情頑童、隨情隨性、隨遇而安。	太陽星	外在被動內心澎湃，熱情蘊含深處，極度需要被愛被疼被關懷。	由於隨性所以容易陷入感情，談情談愛不談理性，幸福與否但憑福分。
廉貞星	權謀式的愛情，手腕高明、聰明權謀、內斂盤算、穩操勝券。	不定星	藏著不安定的性格，時而穩重、時而浮動，令人難以捉摸。	過於權謀算計，扼殺了感情的純真，令人難以喘息又捉摸不定。

命宮星宿	外在性格	福德宮星宿	內在性格	情感殺手
天府星	帝后般的愛情，尊貴高尚不容侵犯、命令秩序規範、智慧手腕。	貪狼星	貴族氣質潛藏著叛逆特性，端莊公主包裹貓女身分、高雅的殺手。	身居帝王家總易近讒言，甜言蜜語吞噬聰明理智，淪為愛的奴隸。
太陰星	明月般的愛情，皎潔無暇、花好月圓、浪漫戀情、多愁善感。	巨門星	敏感多疑的特質，浪漫的背後潛藏著不安全感，第六感應真情假愛。	心思與觀察力非常縝密，過度感受容易挑剔，成為情愛發揮的阻力。
貪狼星	獵豔般的愛情，新鮮刺激、進退不一、敏感佔有、野心貪婪。	天相星	完美主義特質，愛情中容不下一粒沙子；必須嚴守貪狼情人守則。	高度要求，醋勁十足，令情人難以招架，貪心浮華情人望塵莫及。
巨門星	撲朔迷離的愛情，口是心非、敏感多疑、越吵越愛、歡喜冤家。	天梁星	長者風範風度，固執於教條制約；苦口婆心、諄諄教誨感化愛人。	猜忌多疑，感情中充斥危機感，彼此缺乏安全感，佈滿迷情網路。
天相星	完美的愛情，唯美卓越、理直氣壯、古道熱腸、相對平衡論。	七殺星	剛毅將軍格，阿莎力不拖拉；歇斯底里、犧牲奉獻勞碌性格。	高標準要求唯美品質，感情中難免挑剔，造成壓力、情緒緊繃匱乏。
天梁星	長者風範的愛情，黃昏之戀、心有靈犀、精神戀情、誠懇古板。	不定星	藏著二極化的性格，時而成熟老練、時而老頑童登場，有所變幻。	傳統刻板缺乏情調，三跪九叩是禮俗，愛情不得無禮必須遵從。令人屏息以待。

1 若是命宮無主星，則看對宮的星辰；若對宮同時有兩個星辰，則兩個星辰都需參考。並參考福德宮星宿判斷。

命宮星宿	外在性格	福德宮星宿	內在性格	情感殺手
七殺星	殺手般的愛情，冷酷內斂、情感鬥士、屢戰屢敗、屢敗屢戰。	不定星	藏著不安定的性格，時而穩重、時而浮動，令人難以捉摸。	冷酷的臉熾熱的心，直接乾脆，令人難以感受熱情而產生誤會。
破軍星	叛逆般的愛情，獨樹一格、驚世駭俗、別出心裁、先破壞後建設。	天府星	外在帝王內心帝后，攻城掠地固守疆土；剛柔並濟、全面掌控。	進退不一，唯一規則就是沒有規則；令情人無所適從、望塵莫及。

◎「十四顆主星的感情分類」

以上十四顆主星一一解析其感情觀點，另外也可依據紫微斗數的主星，分類統計累積運算，將算愛分出四種人格類型：你是屬於哪一類型的情人呢？你喜歡的他又屬於哪一類型呢？

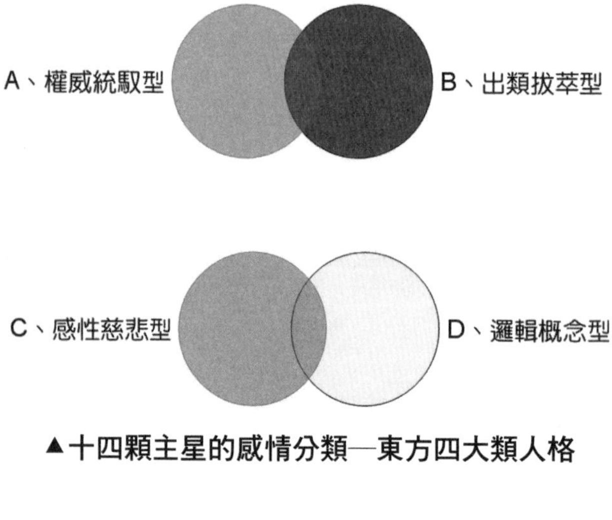

▲十四顆主星的感情分類—東方四大類人格

東方四大類人格	十四主星	感情觀分析
權威統馭型	紫微星、天府星、廉貞星、武曲星、天相星	理想崇高者、完美主義者（The Reformer）：完美者、改進型、捍衛原則型、秩序大使、正確主義型，追尋完美愛情觀。 成就追求者、成就至上者（The Achiever）：成就主義型、實踐型、實幹型，掌控統御管理愛情。 天生領導者（The Challenger）：挑戰者、權威型、領袖型、指揮型，發號施令專權獨愛。
出類拔萃型	七殺星、破軍星、貪狼星	勇於嘗新者、享樂主義者（The Enthusiast）：創造可能者、活躍型、享樂型；創造變革愛情觀， 無追求享樂毋寧死，反其道而行之的愛戀。
感性慈悲型	天機星、太陰星、天同星、天梁星	個人風格者、浪漫悲憫者、藝術型（The Individualist）：浪漫者、藝術型、自我型、多感型；缺乏理性，浪漫感性愛情觀。 嚮往和平者、和平主義者（The Peacemaker）：維持和諧者、和諧型、平淡型；不爭不搶和諧愛情。
邏輯概念型	太陽星、巨門星	古道熱腸者、熱心助人者（The Helper）：成就他人者、助人型、博愛型、愛心大使、服務型；博愛大愛的愛情觀。 博學多聞者、格物致知型（The Investigator）：觀察者、思考型、理智型； 謹慎忠誠者（The Loyalist）：尋求安全者、謹慎型、忠誠型、疑惑型；理智且忠誠於愛情。

◎命宮裡星宿有「桃花星」

命宮裡有著桃花星的朋友，常常會被誤解桃花性重，蒼蠅圍著團團轉或是花蝴蝶飛飛飛，這可是未必喔！命宮有桃花星意謂其人緣佳，現代商業社會，代表人際關係的桃花星顯得尤其重要；沒有桃花星的朋友若是從事業務公關工作，會較爲吃力不討好，缺乏人和外緣；故而將桃花星正名爲「人緣星」，以示其別。

紫微斗數星宿中五行屬水的星宿，都是人緣星；還有部分輔助星也和人緣有關。詳細表列人緣星及其介紹如下：

命宮星宿	五行	屬性	人緣星介紹
貪狼星	木水	大桃花星 第一人緣星	貪狼星總被誤認為是花花公子或花蝴蝶，其實貪狼星對感情最為執著，容不下一粒沙子。 貪狼星外緣佳、溝通能力強，又熟諳人性；故而成為業務公關的第一把交椅。
廉貞星	火木	次桃花星 第二人緣星	廉貞星也常被認為獵豔高手，其實他只是比較受人歡迎；女廉貞星在古代可是貞節烈婦。 廉貞星溝通手腕高明、協調能力強；所以是業務公關不可或缺的人才。
天同星	水	童緣星	天同星可愛天真，容易親近沒有距離感；雖然並非懂得與人交往，但是那副童心使人難以抗拒，開心交朋友，大家一起玩。
太陰星	水	純潔星	太陰星溫柔婉約，文靜斯文楚楚可憐，令人想主動照顧疼惜他們；雖然有時說話直率幾近白目，卻也使人感受他們的真誠純潔。
巨門星	水	口蜜星	巨門星總被歸為是非星，其實只是口才好，多說了幾句好話；口才佳有生意頭腦是巨門星擅於業務的一面；話多是非多總是難免。

命宮星宿	五行	屬性	人緣星介紹
天相星	水	公親星	天相星樂善好施，是公認的大好人；表達條理分明、義正嚴詞，協調能力一把罩；不少是里長人才或民意代表為民喉舌。
破軍星	水	大海水	破軍星外表冷酷，卻能海納百川，集眾人力量發揮業務能力；由於常與異性接觸，所以也被認為桃花四處飛。
天魁星	火	貴人星	天魁星是長輩貴人星，擁有長輩的疼愛與提攜，偏男性長輩貴人；自己本身也具有師格，春風化雨、教化人心、受人尊敬，性剛慈善。
天鉞星	火	貴人星	天鉞星是長輩貴人星，擁有長輩的疼愛與提攜，偏女性長輩貴人；自己本身也具有師格，春風化雨、教化人心、受人尊敬，性剛心軟。
文昌星	金	文學星	文昌星是才子佳人，氣質優雅、飽讀詩書；悠閒儒雅、學識廣博、耿直孤傲，令人欣賞；容易有轟轟烈烈、曇花一現的戀情。
文曲星	水	文藝星	文曲星是才子佳人，氣質優雅、才藝隨身；文雅風騷、舌辯巧智、清高孤傲，令人欣賞；容易有感情後遺症，糾纏不清造成人生憾事。
左輔星	土	熱鬧星	左輔星熱心公益，喜歡幫助人，受人喜愛；廣結善緣、交友廣闊，不小心會變成第三者介入感情。
右弼星	水	熱鬧星	右弼星熱心公益，喜歡幫助人，受人喜愛；廣結善緣、交友廣闊，不小心會變成感情熱鬧多角戀情。
紅鸞星	水	討喜星	紅鸞星主外表討喜，爺爺疼姥姥愛，端正慧詰、處事得體、樂觀開朗，人緣佳；總有長輩喜歡為其牽紅線。
天喜星	水	討喜星	天喜星主外表討喜，爺爺疼姥姥愛，端正慧詰、熱鬧衝動、內心孤獨，人緣佳；總有長輩喜歡為其牽紅線。
天姚星	水	演藝星	天姚星瀟灑自若、幽默學問、不甘寂寞、自誘誘人、風流多情；尤其擅於表演、大方呈現，所以眾多演藝人員不乏此星。
咸池星	水	風流星	咸池星浮蕩虛花，喜歡與異性相處，容易惹上桃花煞，發生不正常的感情關係。

命宮有以上星宿的朋友，只能解釋你善於人際，擁有粉絲好友；並不表示桃花能夠順利開花結果，也並非能夠順利尋得眞命天子天女。月下老人要送給你桃花姻緣線，你才能順利衆中選一，獲得良緣！

眞正所謂桃花重的朋友，其實與外緣、外表無關；在紫微斗數因子學中深藏著桃花線的祕密，這條桃花線牽連著我們的姻緣；擁有桃花線的朋友很容易獲得異性青睞，也比較能覓得姻緣；若是沒有桃花線的朋友，不管你再怎麼帥，怎麼美，姻緣總是遠在天邊、望塵莫及。後面章節即將爲你解開桃花線的祕密。

◎情人紅綠燈

認識了星性感情觀，個別皆有其優缺點；而往往感情路上，仍需藉由紅綠燈停看聽，謹慎選擇對象；社會新聞版上的男女主角總是不堪，如何預先判斷情人是否危險？還是安全？「情人紅綠燈」爲你亮出警示燈或安全燈！

「紅燈」可謂是危險情人，如何造就出危險情人亮起紅燈？

先天來論，本身命表組合就是容易遇到危險情人，可以由自己命盤宮位來判斷：

主要是夫妻宮，「夫妻宮」代表著你衆裡尋他千百度，驀然回首注定遇到他／她。「男命財帛宮、女命福德宮」代表著感情婚姻上的對待關係；幸福與否的關鍵點。也就是說，當「夫妻、財帛、福德」等宮位如遇到以下表格的煞星星宿，即將呈現出刻苦銘心、辛酸的感情血淚史；可由自己或情人命盤中的相關宮位來判斷：

危險情人並非十惡不赦的罪人，其性格雖可惡卻也有其可愛之處，如此才會令人又愛又恨；如若

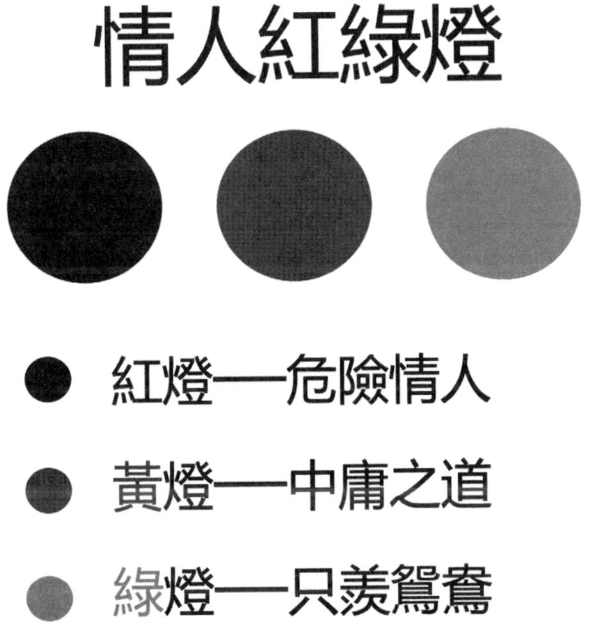

宮位	自己的命盤		
煞星星宿	夫妻宮	財帛宮(男生)	福德宮(女生)
火　星	總是遇到火爆浪子(女)，無辣不歡，嗆極了。	相處關係總是火辣辣，爭吵不休，來去自如。	
鈴　星	總是遇到毒蠍美人(男)，無毒不丈夫，毒暈了。	相處關係陰沉算計，黃鼠狼拜年，不安好心。	
擎羊星	總是遇到夜夜磨刀，霍霍向牛去，當心了。	相處關係總是刀光劍影，拳打腳踢，當心呀。	
陀羅星	總是遇到轉轉陀螺，猶豫不決，磨練性情。	相處關係天旋地轉，無法順如人意，糾結。	
天空星	總是遇到不切實際天馬行空之人，劫人破財。	相處關係撲朔迷離，感情難善終，劫人劫財。	
地劫星	總是遇到不切實際天馬行空之人，劫人破財。	相處關係撲朔迷離，感情難善終，劫人劫財。	
化忌星	感情對象寸步難行，伊人何在？	相處關係總是困頓，感情始終無法撥雲見日！	

宮位	情人的命盤		
煞星星宿	命宮(外顯)	福德宮(隱性)	身宮(40歲以後)
火　星	擺明就是火爆浪子(女)，無辣不歡，有個性。	表裡不一，別把老虎當成病貓，明槍發射。	社會洗鍊後，性格漸趨於暴戾，老來發飆。
鈴　星	擺明就是毒蠍美人(男)，無毒不丈夫，小心中毒。	表裡不一，黃鼠狼拜年不安好心，暗箭難防。	社會洗鍊後，性格漸趨於算計，老來陰沉。
擎羊星	擺明就是殺千刀，性格小生(女)，虐待狂。	表裡不一，忍無可忍，雙劍齊發，見血封喉。	社會洗鍊後，性格漸趨於暴戾，老來發飆。
陀羅星	擺明就是陀螺旋轉不停，捉摸不定，迷離難解。	表裡不一，內心糾結不定，肝腸寸斷，憂鬱。	社會洗鍊後，性格漸趨於負面，老來憂鬱。
天空星	擺明就是天旋地轉，創意無限，令人意亂情迷。	表裡不一，內心不切實際，破財福分不全。	社會洗鍊後，性格漸趨於浮華，老來空虛。
地劫星	擺明就是天旋地轉，創意無限，令人意亂情迷。	表裡不一，內心不切實際，破財福分不全。	社會洗鍊後，性格漸趨於浮華，老來空虛。
化忌星	性格封閉、內斂、困頓、不危險，但有礙溝通。	性格封閉、內斂、困頓、不危險，但自困糾結。	社會洗鍊後，性格漸趨於封閉、困頓。

你的眞命天子〈女〉正是危險情人，該如何是好？

一命二運三風水四積陰德五讀書，老祖宗的智慧早已描寫了解決之道；如何運用，爲處於危機的你我創造幸福感情？命理八字的合和，運勢取決的進退，風水調節的趨吉避凶，積德添福的揚善隱惡；抑或好好拜讀聖人先賢道理，紫微斗數之知命掌運？人生幸福與否？善用此書好好運行，一切掌握在自己手裡！

「綠燈」可謂是鶼鰈情深，只羨鴛鴦不羨仙；先天命盤中「夫妻宮」或「男命財帛宮、女命福德宮」，座落著吉星，代表著感情路上順遂平安；卻也潛藏美中不足之憾，在世爲人情關堪爲難度極高的課題。

以下宮位如遇到表列吉星星宿，即將呈現出浪漫甜蜜的感情史：

鴛鴦情人甜蜜可人、柔情蜜意，其性格雖然可愛卻也有其可惡之處，令人愛在心坎，仍需細心呵護；如若你的眞命天子〈女〉正是鴛鴦情

你的夫妻宮、財帛宮（男）、福德宮（女）有以下吉星嗎？		
吉星星宿	優點	缺點
祿存星	對象性格敦厚實在、勤儉持家	守財奴，一個錢綁24個結；可同苦難同甘。
天魁星	對象性格嚴謹可靠、對女生來説是貴人。適合相親。	長輩緣佳，避免誤逢已婚之人。
天鉞星	對象性格慈愛可靠、對男生來説是貴人。適合相親。	長輩緣佳，避免誤逢已婚之人，私情桃花。
左輔星	對象性格敦厚實在、左右逢源。適合透過朋友介紹結良緣。	若與煞星同宮則助長惡煞靈動，會遭親友介入影響戀情。
右弼星	對象性格熱心活躍、左右逢源。適合透過朋友介紹結良緣。	若與煞星同宮則助長惡煞靈動，會遭桃花介入影響戀情。
文昌星	對象性格氣質高雅、才華洋溢、詩情畫意。	桃花之宿，易形成轟轟烈烈、曇花一現的戀情。
文曲星	對象性格氣質高雅、才華洋溢、詩情畫意。	桃花之宿，易形成轟轟烈烈、有後遺症的戀情。
化科星	對象性格親切隨和、知書達禮、溝通無礙。琴瑟和鳴。	煞忌星同宮，引動不名譽情感且惡名傳揚。

人，該如何保護？不二法門，一命、二運、三風水、四積陰德、五讀書，老祖宗的智慧確實描寫了長治久安之道；命理八字的合和，運勢取決的進退，風水調節的趨吉避凶，積德添福的揚善隱惡；抑或好好拜讀聖人先賢道理，紫微斗數之知命掌運？人生幸福可否長存？善用此書好好運行，一切仍然掌握在自己手裡！

「**黃燈**」可謂是感情上取決中庸之道，無論綠燈、紅燈調節為穠纖合度，一切顯得剛剛好，恰如其分地經營感情生活；也許淡如白開水，卻是如此解渴、養生、綿綿長久；修為至此，屏除貪嗔癡慢疑，無風可起浪、空穴無來風！

第2章

算愛要訣一

認識自我的感情觀

2-1 由外在性格、內在性格角度剖析

你若想要得到幸福，就不得不深入了解自我，才能學習運用自身的優點吸引到有緣人，克服缺點解決感情的障礙。現在就從「外在性格」、「內在性格」開始探索你的情感世界。

・外在性格——就是你的表面色彩，也就是大家眼中的你是怎樣的人？

・內在性格——就是你的內心情感。內在性格爲深藏內心不易察覺的傾向，往往影響著感情狀態的好壞。

◎【紫微情路】紫微斗數星宿感情觀

首先，大家可依據你命盤中的命宮星宿來查詢自己的外在性格與內在性格，以下依序談論命宮中的十四個主星。命宮無星辰時，請至對角線的宮位尋找你的主星。

(1)命宮為「紫微星」

【性格總論】

表面色彩

帝王般的愛情，唯我獨尊、不容侵犯、掌控全局、我行我素。

內心情感

藏著不安定的性格，時而穩重、時而浮動，令人難以捉摸。

情感殺手

性格孤傲、耳根子軟，容易陷入甜言蜜語、口蜜腹劍之中。

【性格分析】

● 表面色彩

「紫微星」五行屬陰土，乃北斗令主又名帝座，爲官祿主，解厄延壽制化，化氣曰尊、司爵祿。入命中等身材、腰背多肉，形貌敦厚、氣質高雅；個性忠厚、剛柔不濟、隨心所欲，自我意識高、孤傲、獨斷獨行，脾氣暴躁易怒，多方嗜好興趣，具有領導能力，以物質面衡量人事物價値；耳根子軟易受外界影響。紫微星是帝王星；喜歡追求完美的對象，以帝王般自我中心的態度對待感情，運用統馭、才幹、成就來操控愛情；總是老大心態呵護對方，缺乏柔軟度。

● 內心情感

內心情感是以你的福德宮來分析；命宮爲紫微星者，其福德宮應命宮位置不同而星宿不同，不一定是什麼星宿座入，有時是天府星、天相星或貪狼星、破軍星，故而內心情感方面會呈現不穩定的現象；時而穩重實在，時而不按牌理出牌。

● 情感殺手

情感殺手是針對紫微星的人；由於性格孤傲，總覺得無人能體會他的內心，高處不勝寒；又因爲耳根子軟，喜歡甜言蜜語，恐怕誤信讒言錯失良緣，若沒有吉星（天魁、天鉞、左輔、右弼、文昌、文曲、祿存星）來輔佐，容易流連聲色場所，枉爲火山孝子。建議紫微星的朋友：將掌控轉化包容、放低身段以柔克剛；掌控壓制愛人的同時，自己也失去自由，愛得令人無法呼吸；眞愛沒有高低，不如放下身段，理智呵護、以柔克剛；相信孤傲的紫微星也能克服自我、贏得幸福！

紫微星典型人物

電視劇《一代女皇》武則天

峨嵋聳參天、豐頰滿光華，氣宇非凡是慧根，唐朝女皇武則天；女兒身卻帝王命，雖生逢災劫，命硬無人可摧；善於計謀城府深，萬丈雄心難為尼，君臨天下威風凜凜；憔悴心事有誰知，高處不勝寒。

⑵命宮為「天機星」

【紫微總論】

表面色彩

友情般的愛情，友誼長存、左顧右盼、性慈心軟、優柔寡斷。

內心情感

內心與外在一般浮動，擇偶謹慎反覆思量，存在強烈的不安全感。

情感殺手

性慈心軟、念舊難捨，即便有更好的對象也難捨舊愛，陷入苦戰。

【性格分析】

● 表面色彩

「天機星」五行屬陰木，南斗第三星，爲兄弟主，化氣曰善，又名善宿。命宮天機星個性急躁、心直口快、刀子口豆腐心、精明計較於公平原則，活潑善良、勤勞謹慎、機謀多變，好奇求知慾強、具有學習與創新的能力，重視六親情份、孝順父母、友愛兄弟。命宮是天機星的人，心地善良，喜歡結交朋友，為朋友二肋插刀；無意間，將友情當作感情般難分難捨，給人左顧右盼、情感多變的不穩定感。

• 內心情感

內心情感是以其福德宮來分析；命宮為天機星者，其福德宮應命宮位置不同而星宿不同，不一定是什麼星宿座入，有時是天同星、太陰星、巨門星或天梁星；故而內心情感方面起伏難料。

• 情感殺手

情感殺手是針對天機星的人；由於性格善良念舊情，多方選擇後仍舊因為不忍心，錯失更好的姻緣只求心安。建議天機星的朋友：將懷疑轉化信任，不安全感是來自性格的求知慾旺盛，並非情人不義，可以多觀察，但是切勿因情緒管理不佳而心直口快，傷害對方也耽誤自己；相忍互讓的天機星，幸福就在自我認知裡！

天機星典型人物

韓劇《大長今》徐長今

從小失去父母，後來進宮在御膳房當小宮女，憑著堅強的意志力和聰明才智克服種種難關，對於真理正義相當遵從，她的丈夫閔政浩認為：她在一個難以容納她的時代，仍然堅持她的志向。

(3)命宮為「太陽星」

【紫微總論】

表面色彩

陽光般的愛情，熱情耀眼、慇勤有勁、瘋狂驚喜、博愛多情。

內心情感

內心與外在完全不同，激情過後陷入謹慎考量，堅定或重新選擇。

情感殺手

博愛導致多情令人誤解，面對情敵時，因為激不得而產生憾事。

【性格分析】

●表面色彩

「太陽星」五行屬陽火，乃日之精，主權貴，司官祿主中天之主星，化氣曰貴。喜白天生人，夜生人居廟旺亦須扣分。入命個性聰明慈愛、不較是非、有魄力、浮華、好動、喜歡幫助人，凡事大而化之。太陽星的熱情好像一把火，有勁的殷勤戀情，總以瘋狂的行徑來表達他的情感；溫暖的情人願意犧牲奉獻，照顧情人無微不至、討人歡心；卻因爲本質博愛，容易同時愛上好幾個，而且都很認眞，並非太陽星濫情，而是因爲不夠成熟，把大愛錯誤處理成衆多小愛，目的只爲了燃燒自己普照大地，殊不知多情反成無情人。晚上出生的太陽星對感情容易虎頭蛇尾，缺乏自信成熟度、意氣用事。

●內心情感

內心情感是以其福德宮來分析；命宮爲太陽星者，其福德宮必爲天機星，故而外表大方，內在卻非常謹慎；所以激情過後，總會令太陽星再三思量，面對的感情是否適合？太陽星若覺得適合則會很堅定，若不合適則會退卻，所以常常會被誤解成三心二意，其實太陽星是很認眞面對感情的。

●情感殺手

情感殺手是針對太陽星的人，由於性格剛烈容易意氣用事，最禁不起激將法，大發雷霆而落入小人的算計，失去理智導致影響了感情。建議太陽星的朋友：管理情緒，運用理智以柔克剛；談戀愛前多觀察，切勿衝動付出熱情後，才發現所託非人；選擇正確後，單純專一的感情才能細水長流，也不枉費太陽星的滿腔熱情；至於豐沛難以填滿的大愛，可以寄情於公益，回饋社會！

太陽星典型人物

連續劇《還珠格格》小燕子

小燕子性格活潑不受控制，心地善良，對大雜院的兄弟姊妹相當愛惜。一次巧合，她遇見紫薇，又被乾隆皇帝誤當成他的私生女，而被封作「還珠格格」。她古道熱腸、仗義直言，這樣的真性情受五阿哥永琪的喜愛，後來簫劍的出現讓小燕子覺得非常親近，引起永琪醋勁。

(4)命宮為「武曲星」

【紫微總論】

表面色彩

金錢般的愛情，No Money No Honey、實際導向、剛毅孤寡。

內心情感

藏著不安定的性格，時而穩重、時而浮動，令人難以捉摸。

情感殺手

性格強硬缺乏彈性，物質衡量擺前頭，凡事太過就事論事不談情理。

【性格分析】

- **表面色彩**

「武曲星」五行屬陰金，為北斗第六星。司財帛之主，又名將星，為剛毅之宿，化氣曰財。入命個性剛強耿直、心性果決，具有奮鬥的精神，做事乾淨俐落、固執主觀，存有孤寡之感；重情重義、氣量寬宏、嫉惡如仇、果斷短思，容易因小失大。武曲星是財帛主；天生理財好手，價值觀實際精算；感情路上也難免偏重物質。在主觀強硬的個性下，重情義的武曲星顯得不擅表達，相當刻板的感情模式。

● 內心情感

內心情感是以其福德宮來分析；命宮爲武曲星者，其福德宮應命宮位置不同而星宿不同，不一定是什麼星宿座入，有人是天府星、天相星，有人是貪狼星、七殺星、破軍星，故而內心情感方面起伏難料；時而穩重實在、時而不按牌理出牌。

● 情感殺手

情感殺手針對武曲星的人；性格強硬缺乏彈性，物質衡量擺前頭，凡事太過就事論事，不講情理，這豈不成了談情說愛最大的殺手。建議武曲星的朋友：處理感情多點柔和，愛情與麵包均衡點，製造一些小浪漫；太過決裂只會落得一身孤獨！

武曲星典型人物

偶像劇《敗犬女王》單無雙

她工作認真、能力強、負責、堅持、效率驚人，工作時就像無敵鐵金剛。在職場上工作了十幾年，看似精明能幹的她，卻是個生活白痴！她認為所有的一切可以用錢解決，我女王又不是不會工作賺錢！但是太專注在工作的結果，讓她根本沒時間好好為自己生活，每天累得要命，連戀愛都懶得談。

(5)命宮為「天同星」

【紫微總論】

表面色彩

慵懶天真的愛情，溫和柔情、感情頑童、隨情隨性、隨遇而安。

內心情感

外在被動、內心澎湃，熱情蘊含深處，極度需要被愛被疼被關懷。

情感殺手

由於隨性所以容易陷入感情，談情談愛不談理性，幸福與否但憑福分。

- **表面色彩**

「天同星」五行屬陽水，為南斗第四顆星。福德主，可解厄延壽制化，化氣曰福。入命個性溫和慈祥，為人謙遜耿直、無激亢，你好我好大家好；外放開朗、隨性自在，天眞笑容建立好人緣，精通文墨但較軟弱懶散；天性樂觀保有童心，很難猜透天同星的實際年齡；廣結善緣，世上只有朋友沒有永遠的敵人。天同星是福德主；幸福與否當然也與福份厚薄有關；隨情隨性、隨遇而安的感情頑童，處理感情稍嫌草率，帶著交朋友試試看的心態，跳槽的機會很大；同性異性緣份皆佳，對方大多不請自來，所以不會為了一顆樹放棄整個森林。

- **內心情感**

內心情感是以其福德宮來分析；命宮為天同星者，其福德宮必為太陽星，故而外表慵懶被動，內心卻熱情澎湃；外表隨和不爭，內心卻具有太陽星的權威感；尤其當面對長期性的壓抑，天同星會爆發太陽星如獅子般的怒吼。

• 情感殺手

情感殺手是針對命宮星宿天同星的人；由於性格隨性，很容易陷入感情，也很容易放棄感情，一切依循隨緣而定，因此難以維繫長久的關係，或任由第三者介入感情，造成難以收拾的窘境。建議天同星的朋友：學習理智待人處事，運用智慧維繫感情；與伴侶培養共同興趣，以加強天同星的穩定性，避免依賴成性！

天同星典型人物

韓劇《灰姑娘的姐姐》具孝善

媽媽的過世，讓她和爸爸兩人相依為命，爸爸相當寵愛這個小女兒，樂天善良的她，非常需要大家的關愛，原本以為爸爸再婚後，會多兩個人來愛她，但在領悟到被姐姐討厭後，決心找回屬於自己的東西。

(6)命宮為「廉貞星」

【紫微總論】

表面色彩

權謀式的愛情，手腕高明、聰明權謀、內斂盤算、穩操勝券。

內心情感

藏著不安定的性格，時而穩重、時而浮動，令人難以捉摸。

情感殺手

過於權謀算計，扼殺了感情的純真，令人難以喘息又捉摸不定。

【性格分析】

● 表面色彩

「廉貞星」五行屬陰火帶木，爲北斗第三星。司品秩與權令，官祿主，化氣曰囚，又名囚宿。入身命爲次桃花，個性狂傲、交際手腕靈活、一流公關人才；星性詭譎令人捉摸不定、古靈精怪鬼靈精、智多星；胸有城府、擅於謀略、思想前衛、看法獨到；處事單刀直入、著重要點、標新立異、善走捷徑；有抱負、有衝勁、具有領袖風格。廉貞星是官祿主；對待感情猶如事業，掌控慾極強，對情人佔有慾強（僅次於貪狼星），主攻心理戰略，擅於掌握情愛動向與發展，運用交際、威權及魅力操控情愛，黏人以情聖自居，擅於調情和追求刺激感，容易隨情緒波動起伏；可謂是黏牙又好吃的情人。

● 內心情感

內心情感是以其福德宮來分析；命宮爲廉貞星者，其福德宮因應命宮位置不同，不一定是什麼星座入，有人是天府星、天相星，或有人是貪狼星、七殺星，故而內心情感方面起伏難料；時而穩重實在、時而不按牌理出牌。

● 情感殺手

情感殺手是針對廉貞星的人，對「情」字心胸狹窄，強烈的佔有及刺激使人失去自由，愛得令人無法呼吸，這種作法豈不是自相殘殺。建議廉貞星的朋友：加強情緒管理，排除外界誘惑，穩定心性，培養興趣給彼此空間，多點空間少點距離，小別總能勝新婚。

廉貞星典型人物

電視劇《甄嬛傳》—皇后

雍正帝的皇后，原雍正第一任皇后-純元皇后的異母庶妹，因為沒有小孩，所以設計齊妃自盡，如願成為三阿哥弘時的養母。表面母儀天下，對每個妃子都相當關心，其實內心沉穩多計謀，私下控制並仇視任何懷有皇上小孩的嬪妃。

(7)命宮為「天府星」

【紫微總論】

表面色彩

帝后般的愛情，尊貴高尚不容侵犯、命令秩序規範、智慧手腕。

內心情感

貴族氣質潛藏著叛逆特性，端莊公主包裹貓女身分、高雅的殺手。

情感殺手

身居帝王家總易近讒言，甜言蜜語吞噬了聰明理智，淪為愛的奴隸。

【性格分析】

● 表面色彩

「天府星」五行屬陽土，爲南斗第一星。主延壽解厄，司權之宿，又號令星，爲祿庫，財帛田宅主。入命爲人保守厚重、聰明清秀、外和內剛；處事穩重、精於理財，重金錢與事業慾；擅於飲食、喜好美物；司令星喜歡支配人，主觀意識強、驕傲自負。天府星是祿庫、財帛田宅主；對於感情靦腆內斂，有責任感，專一付出型，穩定富有安全感，旺夫益子有包容心；如長者般呵護、體貼維繫著愛情，但卻缺乏調情手法。

● **內心情感**

內心情感是以其福德宮來分析；命宮爲天府星者，其福德宮必爲貪狼星，故而外表穩重內斂，內心卻藏著一匹狼；貴族氣質裡醞釀著叛逆的種子，端莊的公主在環境的洗鍊下，居然化身午夜浪蕩的貓女，變身爲愛情的殺手。

● **情感殺手**

情感殺手是針對天府星的人，司令星，常常不自主發號司令，伴侶若是主觀意識強的人，往往難以忍受。重視物質的天府星，當激情退去後總會驚醒而精打細算，故而開始吃起麵包忘了愛情。建議天府星的朋友：以溝通取代命令，智慧手腕維繫感情；與伴侶相扶相持，共同努力營造物質與精神平衡的幸福人生！

天府星典型人物

歷史人物—孝莊文皇后　大玉兒

孝莊文皇后先後輔佐前清三代帝王，對滿族入關與推翻明朝，鞏固對漢族的統治有相當大的助力。她禮遇漢人及前朝禮教，並對西方知識極為尊重，是康熙皇帝的啓蒙人物。孝莊經常被歷史學家拿來跟慈禧太后來相提並論，孝莊太后手段高明、才能出眾，但卻不戀棧權位，指點少年康熙但從未越俎代庖，是相當賢淑有遠見的女子。

(8)命宮為「太陰星」

【紫微總論】

表面色彩

明月般的愛情，皎潔無暇、花好月圓、浪漫戀情、多愁善感。

內心情感

敏感多疑的特質，浪漫的背後潛藏著不安全感，第六感應真情假愛。

情感殺手

心思與觀察力非常縝密，過度感受容易挑剔，成為情愛發揮的阻力。

【性格分析】

● **表面色彩**

「太陰星」五行屬陰水，爲中天主星，司南北斗。爲田宅之主宰，化氣曰富。太陰星象徵陰柔、雌性、母愛、心靈的星宿，入命主個性快樂享受，外貌文靜、內心好動、外緩內急、多愁善感、詩情畫意、性喜安享、缺乏衝勁，脾氣欠佳，多漂泊感易與女性接近。太陰星是田宅主；孝順顧家、善理家務、保守內斂、害羞膽小，不輕易吐露心事；懂得生活情趣，擅於調劑閒暇時間，喜歡與家人共處；待人總是淡泊但關懷，當情人需要慰藉時，傾心而出令對方心靈注入暖流、溫馨滿懷。太陰星主張花好月圓的戀情；以心靈精神感受愛情模式，母愛光輝表達需要愛，不論是被愛、愛人都是用盡心思去愛，要求相對愛與被愛的感受；嚮往詩情畫意、羅曼蒂克。

● **內心情感**

內心情感是以其福德宮來分析；命宮爲太陰星者，其福德宮必爲巨門星，故而外表夢幻虛浮，內心卻多疑猜忌；別以爲愛情會把太陰星沖昏頭，一旦愛人存有異心，逃不過太陰星敏銳的第六感，讓愛情騙子無所遁形。

● **情感殺手**

情感殺手是針對太陰星的人，適度的疑慮可以避免發生錯誤，但是過重的懷疑卻容易引發誤會，造成彼此的傷害；不妨試著放開心相信，也許他是眞的愛你。重視愛情的太陰星，過度浪漫造成忽略物質層面，餓著肚子享受愛情。建議太陰星的朋友：信任取代疑惑，遭逢疑慮先停看聽求證，以避免誤會耽擱終生；與伴侶相扶相持，共同努力營造物質與精神平衡的幸福人生！

太陰星典型人物

小說《紅樓夢》林黛玉

黛玉性格多愁善感，才思敏捷，注重靈性生活，讓她對情緒的表達自由自在，想哭就哭、喜怒哀樂都隨著心情，從不忌諱讓賈寶玉感受到她的忌妒心，講話時常也直來直往，一點也不掩飾自己的鋒芒，她展露對詩書的熱情及才華，不順從時代的價值觀框限。

(9)命宮為「貪狼星」

【紫微總論】

表面色彩

獵豔般的愛情，新鮮刺激、進退不一、敏感佔有、野心貪婪。

內心情感

完美主義特質，愛情中容不下一粒沙子；必須嚴守貪狼情人守則。

情感殺手

高度要求，醋勁十足，令情人難以招架，貪心浮華，令情人望乎莫及。

【性格分析】

● **表面色彩**

「貪狼星」五行屬陽木帶水，北斗第一星，乃司禍福之主，化氣曰桃花，在數主風騷、放蕩。入命個性剛猛且有機謀、做事急速不耐靜、長袖善舞，具有適應環境之能力，多靈巧具辯才、幽默、佔有慾重、嫉惡如仇、略帶偏激，喜新又念舊、重色輕友，易迷戀酒色、賭博。貪狼星是桃花主；非常適合活躍於人群中，嘴巴甜愛撒嬌、幽默討喜，無論外貌才情深具說服力；多才多藝樣樣通卻不一定精，缺乏耐性流於虎頭蛇尾。懂得什麼場合說什麼話，見人說人話、見鬼說鬼話。過度嫉惡如仇，難免得理不饒人，標準欺惡怕善，俠士風範替天行道。自尊心極強，強烈需求被愛與關懷。貪狼星是進退不定的城市獵人，對於桃花司空見慣，崇尚激烈的戀愛，執著於感情。貪狼星的感情觀以精明投機模式進行，強烈的佔有慾，用盡心思計謀贏得愛情，絕不與人共享。

● **內心情感**

內心情感是以其福德宮來分析；命宮爲貪狼星者，其福德宮必爲天相星，故而外表活潑大方，內心卻有著自我的規範；強烈的完美主義，絕不容許情人眼裡吹進一粒沙，觸犯愛情規則必殺無疑；高標準的要求令情人難以喘息，嗚呼哀哉。

● **情感殺手**

情感殺手是針對貪狼星的人，醋勁大發是家常便飯，經常吃醋酸了自己也嚇跑情人，學習睜隻眼閉隻眼，眼睛進了沙就讓淚水沖淡它，適度溝通要求對方即可，強擰的瓜難甜也辛苦自己。追求冒險刺激的貪狼星，生活顯得虛浮不實，讓情人缺乏安全感。建議貪狼星的朋友：培養專業設定目標，別只著眼在感情或幻象中；彼此擁有空間、自我成長，腳踏實地與愛人一起營造幸福圓滿的人生！

貪狼星典型人物

小說《封神榜》—蘇妲己

根據正史的記載，妲己是商朝將軍蘇護的女兒，奸臣設計將蘇妲己進獻給紂王，深得紂王喜愛。紂王沉迷於妲己的美色，荒理朝政，對她言聽計從，妲己相當知道怎麼讓紂王對自己死心踏地，除了美麗的容貌外，也擁有彈琴跳舞的才藝，忌妒其它懷上紂王小孩的女子，她對那些女子們無一不處以極刑。

(10)命宮為「巨門星」

【紫微總論】

表面色彩

撲朔迷離的愛情，口是心非、敏感多疑、越吵越愛、歡喜冤家。

內心情感

長者規範風度，固執於教條制約；苦口婆心、諄諄教誨感化愛人。

情感殺手

猜忌多疑，感情中充斥危機感，彼此缺乏安全感，佈滿迷情網絡。

【性格分析】

- 表面色彩

「巨門星」五行屬陰水，北斗第二星。爲陰精之星，在數司是非，化氣曰暗。入命主口才佳、舌燦蓮花，適合動口生財的職業；豪放開朗、富正義感、刀子口豆腐心、嘴動得比腦子還快、靠嘴收買人心；餘興節目場合，巨門星總能妙語如珠、說學逗唱樂翻天；大發雷霆時口不擇言，連環炮破口大罵，雨過天晴又沒事人；嘴皮子逗人很有趣，滿足巨門星強烈的研究心與好奇心；大多能有好廚藝。巨門星是非主；個性心地善良、頭腦冷靜、封閉謹愼、內斂守密，察言觀色、眼光銳利，但本性多疑、善欺瞞、疑心生暗鬼，遇事優柔寡斷，與人交往易流於初善終惡的傾向、欠缺人和、自我保護。越吵越愛的歡喜冤家，不吵不相識，三寸不爛之舌逗弄獵物，對愛人敏感多疑，先熱後冷變化很快，舊情覆燃的機率高。對於感情，暗中預擬計畫，銳利觀察進退與時機動向發展，能死能活談情說愛的手腕高明；行徑中帶有詭異、隱瞞、疑慮、猜忌、患得患失、期待又怕受傷害。

●內心情感

內心情感是以其福德宮來分析；命宮爲巨門星者，其福德宮必爲天梁星，故而外表謹愼內斂，內心有著長者風範、濟弱扶傾；猜忌下卻有著剛正不阿的正義感，愛情教條明明白白在心中，不強求於人卻也不輕易改變觀念，教父態度苦口婆心、諄諄教誨。

●情感殺手

情感殺手是針對巨門星的人，多疑猜忌始終是巨門星在感情上的最大殺手，處理疑慮時切忌採用激將法，保持溫馨柔軟的質感，敞開心胸多多溝通，以堅定的耐心降低疑心病。建議巨門星的朋友：減少發射撲朔迷離的煙霧彈，你猜我我猜你的，令人捉摸不定，讓感情明朗化，方能遇到理想對象並且維繫感情，以顧家的責任心來建設人生的理想！

巨門星典型人物

小說《封神榜》—馬千金

千金馬招弟年逾六十嫁給姜子牙，勤勞節樸卻滿腦的生意經，姜子牙未當官前，馬招弟總強迫不善經商的姜尚做生意，姜子牙每次做生意都慘遭滑鐵盧，也被馬招弟言詞羞辱，還被休夫，成為歷史上第一個被休的男人；姜子牙成了周王軍師之後，姜子牙特地邀請馬招弟與他共享榮耀，馬招弟卻羞愧自盡。

(11)命宮為「天相星」

【紫微總論】

表面色彩

完美的愛情，唯美卓越、理直氣壯、古道熱腸、相對論要求公平。

內心情感

剛毅將軍格，阿莎力不拖拉；歇斯底里、犧牲奉獻，勞碌性格。

情感殺手

高標準要求完美品質，感情中難免挑剔，造成壓力、情緒緊繃匱乏。

【性格分析】

- **表面色彩**

「天相星」五行屬陽水，南斗第二星。爲官祿之主宰，在數司爵爲善福，衣食之享受，化氣曰印。入命個性高度完美主義者，言行謹愼、思慮周詳、忠心耿耿、任勞任怨，做事有始有終，強烈好奇心，喜美食美衣、愛漂亮，好客、性喜調停多管事、熱心過度、打腫臉充胖子，里長伯里長嬸個性，亦屬桃花之辰。天相星是官祿主；一流的幕僚人才，管理協調能力強，機智反應靈敏；過於關心自己的事情，自戀傾向；面子總比裡子重要，不給面子一切免談；喜歡受人讚美，卻又假裝客氣；對外屬於衣架子形象佳，對內則行政文書條理分明。

●內心情感

內心情感是以其福德宮來分析；命宮爲天相星者，其福德宮必爲七殺星，故而外表謹慎條理，內心卻是將軍性格，侵犯愛情戒律，一律殺無赦；內外性格皆是戒備森嚴，過於緊繃時，調節不當而造成歇斯底里，失控時，管它裡子只要面子。

●情感殺手

情感殺手是針對天相星的人，高標準的完美主義，造成情感間緊繃的關係，兩人價値觀相異時，嚴明紀律只會造成關係破裂；要求公平相對原則點，在愛情裡難免無法周全。建議天相星的朋友：調節心情與降低標準，放鬆自己也放過情人，擅用溝通協調能力，以智慧面對問題，管它面子裡子大，能夠營造幸福才是王道！

天相星典型人物

《國際巨星》Marilyn Monroe（瑪麗蓮夢露）

最美的女人，也是最愛美、最愛面子的，凡事要求完美，美得太過的夢露厭倦了飾演電影中花瓶的角色，尋求著更大的突破，以表現最完美的自己；但在愛情裡，三次不愉快的婚姻經驗，讓愛面子的她無法接受事實，開始依靠藥物，卻也同時加重了健康的惡化。若能放下面子，美麗的夢露就不會這般年輕就香消玉殞。

⑿命宮為「天梁星」

【紫微總論】

表面色彩

長者風範的愛情，黃昏之戀、心有靈犀、精神戀情、誠懇古板。

內心情感

藏著二極化的性格，時而成熟老練、時而老頑童登場，有所變幻。

情感殺手

傳統刻板缺乏情調，三跪九叩是禮俗，愛情不得無禮必須遵從。

【性格分析】

● 表面色彩

「天梁星」五行屬陽土，南斗第三星，司壽祿，乃父母之主宰，化氣曰蔭。入命清秀溫和，逢凶化吉之辰、延壽之宿；個性孤高不群、正直無私，名士風度，深謀遠慮、長者風範，臨事果決、有機謀，善舌辯易競爭、仗義直言、保護弱小、濟弱扶貧；頑固般的忠誠，孤高不群、心高氣傲、自命清高。天梁星主壽；蔭星，逢凶化吉、轉危爲安、遇難呈祥，總是逢凶才能化吉；崇信宗教、信佛不信人；五術天份、中醫奇才。黃昏之戀，淡淡的日久見芬芳；沒有太多營求之心，只求心靈契合；誠懇有禮是絕對滿分，但是缺乏靈活處事技巧，不容易體會天梁星的愛意，面臨生活困境時，方能感受患難見眞情。不乏單身貴族，終身致力於慈善事業，大愛下常常忽略兒女私情。

● 內心情感

內心情感是以其福德宮來分析；命宮爲天梁星者，其福德宮因應組合不同，不一定是什麼星座入，有時是天機星、太陽星、天同星或太陰星，故而內心情感方面表現不同；時而成熟老練、時而老頑童登場。

●情感殺手

情感殺手是針對天梁星的人，過於傳統刻板而缺乏情調，一成不變的生活模式，乏善可陳；面對尊師重道、禮俗教條，愛情再可愛也不准沒禮貌。建議天梁星的朋友：學習適應環境，符合時代潮流，切勿故步自封、頑固不化，乏味的生活可是感情致命的慢性毒藥。熱心公益可以維繫感情，並保有自我空間，欲繫之必故張之，小別勝新婚可歷久彌新。

天梁星典型人物

小說《神鵰俠侶》—小龍女

小龍女總是披著一襲輕紗般的白衣，猶似身在煙中霧裡。她清麗脫俗，嫻靜幽雅，生性冷漠，冷若冰霜的外表下內心善良。對於相信的人事物會堅持原則，不輕易被擺布。

⒀命宮為「七殺星」

【紫微總論】

表面色彩

殺手般的愛情，冷酷內斂、情感鬥士、屢戰屢敗、屢敗屢戰。

內心情感

藏著不安定的性格，時而穩重、時而浮動，令人難以捉摸。

情感殺手

冷酷的臉熾熱的心，直接乾脆，令人難以感受熱情而產生誤會。

【性格分析】

● **表面色彩**

「七殺星」五行屬陰金帶火、火化之金，南斗第五星，乃數中之上將，成敗之孤辰，專司斗柄，主孤剋刑煞之宿、司生死。入命個性沉吟、眼目有神、衝勁謀略行動派、倔強好勝、獨來獨往獨行俠、追逐金錢慾望強。七殺星主肅殺；喜怒無常進退不一、性急暴躁遇事冷靜；有著將在外君命可以不受的叛逆性、軟硬難施；敢愛敢恨、歇斯底里；標準的冰山美人酷哥帥妹。處理感情阿莎力、開門見山不婆媽；不懂得甜言蜜語、過於直接乾脆、要愛就愛不愛拉倒，缺乏溫柔情調，滿腔情絲也只能顧影自憐；屢戰屢敗的潛能，爲愛犧牲奉獻。總喜歡差距情人，如不同宗教、種族、階級、黨派、生活習慣、思想觀念……挑戰難度，屢敗屢戰。

● **內心情感**

內心情感是以其福德宮來分析；命宮爲七殺星者，其福德宮因應組合不同，不一定是什麼星座入，有時是紫微星、武曲星、廉貞星及貪狼星，故而內心情感方面起伏難料；時而穩重實在、時而不按牌理出牌。

● **情感殺手**

情感殺手是針對七殺星的人，遠離浪漫成了其一槍斃命的死穴；放下武器、膛上熱情，把製造情調當作自我挑戰，槍上迷情捕捉獵物；成爲愛情攻略無敵殺手；冷血戰士也能幸福洋溢、戰利滿室。

七殺星典型人物

電影《我的野蠻女友》全智賢

雖然外表清秀，但個性直來直往，非常有男子氣概，以虐待男主角為樂，令男主角手足無措。她也熱衷於劇本創作，天馬行空寫故事，並要男主角欣賞她的寫作。雖然這些個性讓人無法招架，但還是不時會露出可愛溫馨的舉動。

⒁命宮為「破軍星」

【紫微總論】

表面色彩

叛逆般的愛情，獨樹一格、驚世駭俗、別出心裁、先破壞後建設。

內心情感

外在帝王內心帝后，攻城掠地固守疆土；剛柔並濟、全面掌控。

情感殺手

反覆不一，唯一規則就是沒有規則；令情人無所適從、望塵莫及。

【性格分析】

● **表面色彩**

「破軍星」五行屬陰水，北斗第七星，司夫妻子息奴僕之宿，在數爲殺氣，又名耗星，化氣曰耗，乃不利六親之宿。入命個性有衝勁，具開創精神，與人寡合、隨心所欲、狂傲多疑，耐不住性子。破軍星主禍福；孤寡荊棘，親人間離合悲歡；喜歡差距情人，如不同宗教、種族、階級、黨派、生活習慣、思想觀念……追求難度挑戰自我；具有開創精神及獨特嗜好，戀愛方式與衆不同，可以不顧世俗或離經叛道，不婚同居、未婚生子、先上車後補票、閃電結婚，出奇不意、甘之如飴；情人間容易聚少離多或性格不合，常因爲溝通不良導致分離。

● 內心情感

內心情感是以其福德宮來分析；命宮爲破軍星者，其福德宮必爲天府星，故而外表叛逆自我，內心卻尊貴高尙；愛人必須遵從破軍星沒有規則的規範；高標準審視愛情，一旦考核通過認定後，愛人將是絕對守護溺愛、外人不可侵犯的對象。

● 情感殺手

情感殺手是針對命宮星宿破軍星的人，缺乏溝通是死穴，甚至不願意溝通；性格反覆不一，這點已經令人難以適從了，再不溝通，註定遠離幸福。建議破軍星的朋友：多加溝通適時體貼，穩定心性與生活來維繫感情，與伴侶相扶相持，即便叛逆也能夠擁有幸福！

破軍星典型人物

電影《臥虎藏龍》—玉嬌龍

她出身名門身懷絕技，不甘願嫁給不愛的人，又對外面自由世界憧憬，便不顧一切偷走青冥劍遊走江湖。在大漠中遇到小虎，因為小虎拿走她的梳子，好強的她說什麼也要討回來，後來她愛上與她身分懸殊的小虎，兩人因此短暫在大漠中共享自由。

2-2 由環境性格角度剖析

◎「紫微情路」人生功課、環境性格

接著就「環境性格」列表，請大家依據你「身宮」的星宿來分析：

「環境性格」指的是入境隨俗，環境會影響人的觀念與行爲，就是你爲了適應環境所調整出來的性格，閱歷造就出來的性格，例如：從事軍警界者遵從紀律、一板一眼，銀行界者精打細算、一絲不苟……等諸如此類的環境性格；這些性格可能解脫，也可能解救你的感情。環境性格通常產生在35歲之後，過程中因爲工作、交友、談戀愛……性格漸漸得會變得不一樣了；但是這絕非本性，只是爲了環境做了調整或妥協；無論如何，這種性格是否可以成就你的幸福？就要看你的造化了！好好學習認知自我，並勇敢克服困難，努力出來的幸福將會使你的人生更加溫馨浪漫，此生無憾。

認識身宮之前，你必須了解身宮的意義爲何？

每個人身宮座落的位置，因應出生時辰不同而位置不同；身宮展現出環境對你所造成的影響，也代表著你此生的人生功課，環境洗鍊著你，在此功課中學習體驗人生帶給你的意義；你無法抗拒，只能面對、承擔，完成這項功課，你的智慧將有所提升，超脫磨練成長、靈性昇華。請隨著人生地圖窺究你的課題吧！

身宮裡，你是屬於紫微斗數中的哪顆星？代表著你與天體間的引動關係，也帶領著你的人生際遇、情緒變化、心靈感受、身體狀況，以及你周遭所有人事物的變化。出生時辰影響著身宮的位置，也影響著你的個性、後天環境、人生觀及此生選修的課題。

身宮的位置是以每個人出生的時辰設定，當你選擇這個時辰出生的同時，也就選擇了你這輩子選修的學分、人生功課；除此之外，身宮中的星宿，也顯示出你洗盡鉛華後性格的轉變，對應星宿的解釋後，你可以更加瞭解環境洗滌後的自己，面對感情的成熟度有多少？身宮中的星宿優劣影響著你的感情生活。

依據以下這張「人生功課選擇圖」可以了解你的身宮在哪個位置？進而了解你的環境性格，身宮中的星宿優劣影響著你的感情生活。三個步驟：

請先表列出你的紫微斗數命盤。

由你的出生時辰來比對。

連線到你的身宮在命盤中哪個宮位？

人生功課選擇圖

出生時辰間距	身宮所在位置
子時：晚上11:00~凌晨12:59 午時：早上11:00~中午12:59	命　宮
丑時：凌晨01:00~凌晨02:59 未時：下午01:00~下午02:59	福德宮
寅時：凌晨03:00~凌晨04:59 申時：下午03:00~下午04:59	官祿宮
卯時：早上05:00~早上06:59 酉時：下午05:00~下午06:59	遷移宮
辰時：早上07:00~早上08:59 戌時：晚上07:00~晚上08:59	財帛宮
巳時：早上09:00~早上10:59 亥時：晚上09:00~晚上10:59	夫妻宮

⑴身宮的位置在「命宮」

【紫微總論】人生功課、環境性格─命身同宮

人生功課

身宮位置在命宮，人生功課在於自我成長、由自我的提升中學習。

學分檢定

我執大考驗，自我意識強、固執主觀、我行我素、為自己而活。

環境性格

環境優劣營造始終來自自我，個人判斷正確與否決定是否擁有幸福。

身宮位置在「命宮」的朋友；自我意識很強、固執主觀、我行我素，標準是爲自己而活著，是我執的大考驗；人生際遇中所需要面對的課題，始終是自己如何思考？如何選擇？如何處置？環境際遇的優劣決定於自我態度的善惡，擇善固執者，際遇可能從善；頑固不化者，際遇恐難周全。所以其功課在於自我！如何提升自我？學習成長？修爲自己能夠自清清人或自親親人；這個過程並不容易，需要不斷自我歷練與學習溝通協調。

學分檢定難易與否？與在身宮中的星宿有關；若有吉星扶持，則貴人相助容易all pass；若有煞星擋中則小人作梗，學分當當當！學習老祖宗智慧的自修之道，是很好的方式，知己知彼、知命掌運爲自己做好人生規劃與風險管理；幸福與否存乎於自己的一念之間。

「備註」七吉六煞星宿，吉星高照、煞星阻礙。

吉星：祿存星、天魁星、天鉞星、文昌星、文曲星、左輔星、右弼星

煞星：天空星、地劫星、陀羅星、擎羊星、火星、鈴星

⑵身宮的位置在「福德宮」

【紫微總論】人生功課、環境性格—身在福德宮

人生功課

身宮位置在福德宮，人生功課在於精神提升、跳脱物質，心靈中學習。

學分檢定

靈性層次昇華，重精神生活、求知慾旺盛、女性相當重視配偶的相處態度。

環境性格

環境優劣營造始終來自心靈，精神層次提升與否？決定是否擁有幸福。

身宮位置在「福德宮」的朋友；重視精神生活，有時會疏忽物質狀態；求知慾旺盛，追求知識的瞭解與研究；女性甚至會特別重視另一半與自己的相處模式，是相敬如賓、如膠似漆？還是相敬如冰、疏離冷淡？標準是心靈充實與否？是精神領域的大考驗；人生際遇中所需要面對的課題，始終是心靈如何學習？如何充實？如何提升？環境際遇的優劣決定於心靈提升狀態的善惡，心靈清靜者，際遇可能雅緻；心靈混濁者，際遇恐怕困窘。

所以其功課在於精神！如何提升充實心靈？學習成長？修爲自己心清如明鏡、隨處自在；這個過程需要選擇適合自己的提升方式；有人選擇宗教修身養性，有人選擇讀書，讀聖賢書人生大道理或學歷提升大學識。

學分檢定難易與否？與在身宮中的星宿有關；若有吉星扶持則貴人相助容易all pass；若有煞星擋中則小人作梗，學分當當當。學習老祖宗智慧的禪理，是很好的方式，知己知彼、知命掌運為自己做好人生規劃與風險管理；幸福與否存乎於自己的一念之間。

「備註」七吉六煞星宿，吉星高照、煞星阻礙。

吉星：祿存星、天魁星、天鉞星、文昌星、文曲星、左輔星、右弼星

煞星：天空星、地劫星、陀羅星、擎羊星、火星、鈴星

(3)身宮的位置在「官祿宮」

【紫微總論】人生功課、環境性格─身在官祿宮

人生功課

身宮位置在官祿宮，人生功課在於事業謀求、工作環境洗鍊中學習。

學分檢定

事業領域發展，事業心強、工作狂、重視聲名、追逐權力慾望。

環境性格

環境優劣營造始終來自事業，事業工作提升與否決定是否擁有幸福。

身宮位置在「官祿宮」的朋友；重視事業工作，不論是自願或非自願都必須在事業工作中磨練；是標準的工作狂熱份子，也許多有抱怨，卻仍舊泡在工作中自娛娛人或自欺欺人；重視名聲勝於利益，追逐在權力慾望中，自知或不自知的享受在權力中心裡；人生際遇所需要面對的課題，始終是事

業工作如何發展？如何晉升？如何樂在工作？環境際遇的優劣決定於事業工作發展的狀態的優劣，馳騁事業場域者，際遇可能成就非凡；目標不明忙碌者，際遇恐怕有志難伸。

所以其功課在於事業工作！如何發揮事業工作上的表現？如何淋漓盡致展現才華？如何面臨職場上的待人處世？如何戰勝厚黑哲學？這個過程需要用心經營、克服難題；建議可以培養第二專長，以因應職場上的瞬息萬變；安排休閒運動，成功可以不必過勞死的；修爲淡泊名利、積福積德，反倒能夠在職場上游刃有餘、能量十足。

學分檢定難易與否？與在身宮中的星宿有關；若有吉星扶持，則貴人相助容易all pass；若有煞星擋中，則小人作梗，學分當當當。學習老祖宗智慧中的帝王術，是很好的方式，知己知彼、知命掌運爲自己做好事業規劃與風險管理；幸福與否存乎於自己是否充滿智慧？

「備註」七吉六煞星宿，吉星高照、煞星阻礙。

吉星：祿存星、天魁星、天鉞星、文昌星、文曲星、左輔星、右弼星

煞星：天空星、地劫星、陀羅星、擎羊星、火星、鈴星

(4)身宮的位置在「遷移宮」

【紫微總論】人生功課、環境性格—身在遷移宮

人生功課

身宮位置在遷移宮，人生功課在於遠鄉發展、環境變遷中學習。

學分檢定

自由發展潛能開發，愛好自由、熱愛挑戰、除舊布新、奔波勞碌。

環境性格

環境優劣營造始終來自變化，對外挑戰成功與否決定是否擁有幸福。

身宮位置在「遷移宮」的朋友；愛好自由、熱愛挑戰，追求新鮮事物的學習、屏除老舊思路的拘束；不論是自願或非自願都必須遠鄉發展，在離鄉背景中磨練、環境變遷中成長；不自由毋寧死，故而造就必須一生在外奔波、勞碌受累；人生際遇中所需要面對的課題，始終是離家如何學習？如何發展？如何發達？環境際遇的優劣決定於離鄉在外發展狀態的善惡，適應力強、抗壓性佳者，際遇可能成就非凡；適應力弱、草莓族群者，恐怕前途渺茫。

所以其功課在於遠鄉發展！如何適應環境追隨變遷？如何淋漓盡致展現才華？如何戰勝人間險惡？這個過程需要勇敢面對挑戰；建議學習時間管理，慣性自由者容易忽略時間管理的重要性，妥善安排生活步調，管理妥當可以事半功倍，反之則雜亂無章、事倍功半；培養專長，一技在身可以一招半式闖江湖，在變遷中也能生存無虞；修心修德、累積晚福，才不至於老來顛沛流離，修持福德可望頤養天年。

學分檢定難易與否？與在身宮中的星宿有關；若有吉星扶持，則貴人相助容易all pass；若有煞星擋中，則小人作梗，學分當當當。學習老祖宗智慧的身心靈修持，是很好的方式，知己知彼、知命掌運爲自己做好人生規劃與風險管理；幸福與否存乎於自己是否福慧雙修？

「備註」七吉六煞星宿，吉星高照、煞星阻礙。

吉星：祿存星、天魁星、天鉞星、文昌星、文曲星、左輔星、右弼星

煞星：天空星、地劫星、陀羅星、擎羊星、火星、鈴星

(5)身宮的位置在「財帛宮」

【紫微總論】人生功課、環境性格—身在財帛宮

人生功課

身宮位置在財帛宮，人生功課在於追逐財富、數字遊戲搏鬥中學習。

學分檢定

財富規劃經營，物質觀強烈、物質生活中體會學習、追逐錢財慾望。

環境性格

環境優劣營造始終來自財富，理財能力強弱與否決定是否擁有幸福。

身宮位置在「財帛宮」的朋友；追逐於財富之中，自願非自願得必須在財務週轉、理財規劃中磨練；無論天生擅不擅於理財，都必須埋在錢堆裡，扣著算盤答答答；自願非自願得培養出著眼於物質觀，重視利益勝於名聲，追逐在財富慾望中，自知或不自知得在錢海裡打滾；人生際遇中所需要面對的課題，始終是財富規劃如何妥善？如何升值？如何財富無憂？環境際遇的優劣決定於理財狀態的良莠，妥善管理財富者，際遇可能衣食無缺；揮霍無度不擅理財者，際遇恐怕貧困堪憂。

所以其功課在於理財規劃！如何妥善規劃理財？如何以錢滾錢？如何儲蓄？如何應對經濟危機、金融風暴？這個過程需要學習理財規劃、培養金錢敏感度，無論你願不願意，都必須在數字中搏鬥；建議可以學習《算錢》一書，善用理財工具，正確規劃理財；過度在理財環境中洗鍊，難免精神空虛耗弱，所以更需要修爲淡泊名利、積福積德，提升心靈層次，反倒能夠在理財上游刃有餘、週轉靈活。

學分檢定難易與否？與在身宮中的星宿有關；若有吉星扶持，則貴人相助容易all pass；若有煞星擋中，則小人作梗，學分當當當。學習老祖宗智慧中的算錢術，是很好的方式，知己知彼、知命掌運爲自己做好財富規劃與風險管理；幸福與否存乎於自己是否算錢有道。

「備註」七吉六煞星宿，吉星高照、煞星阻礙。

吉星：祿存星、天魁星、天鉞星、文昌星、文曲星、左輔星、右弼星

煞星：天空星、地劫星、陀羅星、擎羊星、火星、鈴星

(6)身宮的位置在「夫妻宮」

【紫微總論】人生功課、環境性格─身在夫妻宮

人生功課

身宮位置在夫妻宮，人生功課在於感情經營、愛情生活洗鍊中學習。

學分檢定

感情生活經營，羅曼蒂克、只愛美人不愛江山、愛情比麵包好吃。

環境性格

環境優劣營造始終來自感情，感情經營妥善與否決定是否擁有幸福。

身宮位置在「夫妻宮」的朋友；重視感情生活，自願非自願得必須在感情中磨練；羅曼蒂克、只愛美人不愛江山，希望如童話般，王子與公主從此過著幸福快樂的日子；無視於名聲與利益，沉醉在愛情裡，自知或不自知得享受在虛幻感情中；人生際遇中所需要面對的課題，始終是感情生活如何經

營？如何規劃？如何鶼鰈情深、白首偕老？環境際遇的優劣決定於感情生活經營的善惡，情場高手經營得當者，際遇可能幸福美滿；感情白痴不用心經營者，際遇恐怕幸福難尋。

所以其功課在於感情經營！如何經營好感情生活？如何學習相處之道？如何面臨情變窘境？如何挑戰感情終結者？這個過程需要用心經營、克服難題；建議學習感情經營之道，集思廣益、正心正念處理關卡；既然此生注定是情愛鬥士，必須勇敢面對情變，受了傷還是要愛，終有機會尋得眞愛；面對愛情時，不可輕言淡忘麵包的重要性，貧賤夫妻百世哀，務實經營，物質精神兼得才能長久；化小愛爲大愛，著眼於小情小愛只會故步自封，小愛妥善經營並投以大愛，均衡發展不但能積福修德，還能杜絕狹隘自私。

學分檢定難易與否？與在身宮中的星宿有關；若有吉星扶持則貴人相助容易all pass；若有煞星擋中則小人作梗，學分當當當。學習老祖宗智慧中的算愛術，是很好的方式，知己知彼、知命掌運爲自己做好感情規劃與風險管理；幸福與否存乎於自己是否懂得眞愛密碼。

「備註」七吉六煞星宿，吉星高照、煞星阻礙。

吉星：祿存星、天魁星、天鉞星、文昌星、文曲星、左輔星、右弼星

煞星：天空星、地劫星、陀羅星、擎羊星、火星、鈴星

透過由環境性格剖析認識你在感情路上所需經歷的人生功課；你可以更加了解在環境中必須遭遇的感情課題，自己面對感情需要注意的事情。

第3章

算愛要訣二

認識你的感情路

算愛要訣二：認識你的感情路。知己知彼百戰百勝，認識了解你感情路上的主角、配角；當明確的知道對象，就能做好選擇，並且學習相處與因應之道，才能經營永續長存的幸福關係。

你認識的對象，可能會有三種類型，供你選擇品嚐並創造幸福：

1.命中註定的對象（天生菜色）老天爺指定好的對象，順著命運走，不管好壞你不得不面對。不知命者任宿命選擇，知命者則選擇命運；想擁有發球權嗎？這個姻緣簿，你不得不仔細審閱。

2.瘋狂愛上的對象（喜好菜色）遇到這個對象，你會愛之疼之欲罷不能，爲之付出心甘情願、甘之如飴、無怨無悔；如何讓付出有所回應呢？了解之後才能學習磨合。

3.最適合的對象（養生菜色）這個對象能讓你幸福圓滿，他會對你愛之疼之欲罷不能，爲你付出心甘情願、甘之如飴、無怨無悔；如何找到良人享受甜蜜？這個人是最適合與你步入婚姻的對象，請珍惜感恩好好把握。

最十全十美的人是兼具第二和第三種類型。堪稱完美情人，百分之百天造地設，然而這般十全十美的組合，筆者數十年來只見過兩對，其關係也並非完美無缺。有鑑於此，感情的確實是難修的課題呀！

3-1 命中註定的對象

◎天生註定的對象——看夫妻宮裡的星宿

如何得知你的另一半是否為天生註定的對象？

每一顆星都有專屬自己的感情觀及情感模式；你了解自己命中註定的對象嗎？命中註定的對象意味著命盤中已為你設計好的對象，他未必然是適合你的，或是你喜歡的，而是老天爺安排好你際遇中有這道菜、這個人，你必須與之共處，經營一段伴侶關係。你要順勢發生？抑或先知先覺先做好準備呢？

若另一半是老天爺指定的對象，順著命運走，不管好壞你不得不面對。不知命者任宿命選擇，知命者則選擇命運。不管你的對象是甜？是酸？是苦？是辣？想擁有發球權嗎？這道食譜大全，你不得不仔細審閱。

請先將自己的八字排列出紫微斗數命盤，依據「夫妻宮」的星宿來告訴你；或若有對方的命盤，也可以觀其命宮星宿來判斷；分析出你的對象是哪種類型？並以你對應的「福德宮」來呈現你們的相處模式？（命盤列印方式，可上網路搜尋「紫微斗數免費命盤」，輸入個人八字列出命盤！）

	你的 紫微斗數命盤		
			夫妻宮 星宿 ＿＿＿＿

	對方的 紫微斗數命盤 （心儀或交往對象）		
		命宮 星宿 ＿＿＿＿	

▲找出你的夫妻宮和對方的命宮星宿，並填入以上表格

命盤列印出來後，如圖找出你的夫妻宮，再以「夫妻宮的星宿」來做命中註定對象的感情分析；或若有對方的命盤，也可以看對方「命宮的星宿」來判斷，是否和自己的夫妻宮同星宿。若同者則相處容易；不同者，則需掌握對方星宿感情觀，小心呵護；並以對應的福德宮來預見你們相處的模式：

(1)「紫微星」

你的夫妻宮（或他的命宮）裡的星宿是紫微星，五行屬陰土，乃北斗令主又名帝座，爲官祿主，解厄延壽制化，化氣曰尊司爵祿。配偶中等身材、腰背多肉，形貌敦厚、氣質高雅；個性忠厚、剛柔不濟、隨心所欲，自我意識高、孤傲不群、獨斷獨行，脾氣暴躁易怒，多方嗜好興趣，具有領導能力，以物質面衡量人事物價值；耳根子軟易受外界影響。

你的命中註定的對象像一桌「滿漢全席」，豪華豐富的菜餚絕不可遜色於人；由於紫微星是帝王星，代表你配偶高度追求完美；總是以帝王般自我中心的態度對待感情，運用統馭、才幹、成就來操控愛情；用老大心態對待你，缺乏柔軟度。

相處模式則以你的福德宮來分析；你的夫妻宮（或他的命宮）爲紫微星者，其福德宮必爲廉貞星，所以你們相處起來疏狂裡帶有章法，也就是你們會制定屬於你們的條約，這些條約有時令人突兀難解、有時令人肅然起敬；若你的命盤中有吉星高照則琴瑟和鳴，煞星擋中則易相敬如冰、寒氣逼人。

七吉六煞星宿，吉星高照、煞星阻礙。

吉星：祿存星、天魁星、天鉞星、文昌星、文曲星、左輔星、右弼星

煞星：天空星、地劫星、陀羅星、擎羊星、火星、鈴星

知己知彼、百戰百勝，如何面對你的情人？夫妻宮（或他的命宮）是紫微星的人，由於他的性格孤傲，總覺得無人能體會他的內心、高處不勝寒；又因爲耳根子軟，喜歡甜言蜜語，若你沒有吉星來輔佐，他很容易就撇下你，流連在聲色場所，枉爲火山孝子。建議夫妻宮（或他的命宮）紫微星的朋友：學習面對他的掌控與指使，放低身段以柔克剛，甜言蜜語命中要害，讓他耳根子軟呼呼地貼在你甜甜的嘴邊；相信孤傲的紫微星也能專寵你一人、疼愛有加！

(2)「天機星」

你的夫妻宮（或他的命宮）天機星五行屬陰木，南斗第三星，爲兄弟主，化氣曰善，又名善宿。天機星個性急躁、心直口快、刀子口豆腐心、精明計較於公平原則，活潑善良、勤勞謹慎、機謀多變，好奇心求知慾強、具有學習與創新的能力，重視六親情份、孝順父母、友愛兄弟。

你的命中註定的對象是「自助餐」，喜歡變化、多樣性選擇；天機星是兄弟主，心地善良，喜歡結交朋友，爲朋友二肋插刀；無意間也將感情當作友情般難分難捨，給人左顧右盼多變的不穩定感。

相處模式則以你的福德宮來分析；你的夫妻宮（或他的命宮）爲天機星者，其福德宮應組合不同，不一定是什麼星座入，有時是太陽星、太陰星、巨門星或天梁星，故而兩人相處方式起伏難料；時而感性多疑、時而理性直率；吉星高照則琴瑟和鳴，煞星擋中則易相敬如兵、兵不厭詐。

七吉六煞星宿，吉星高照、煞星阻礙。

吉星：祿存星、天魁星、天鉞星、文昌星、文曲星、左輔星、右弼星

煞星：天空星、地劫星、陀羅星、擎羊星、火星、鈴星

知己知彼、百戰百勝，如何面對你的情人？夫妻宮（或他的命宮）是天機星的人，由於性格善良

念舊情，他可能在多方選擇下抉擇了你；或是仍舊因爲不忍心，求心安而錯失了你們的姻緣。建議夫妻宮（或他的命宮）是天機星的朋友：多運用對方的善良本性，授之以情感化他，使他的懷疑轉化信任，消弭不安全感，切勿因情緒管理不佳而刺激到對方也耽誤自己；面對猶疑的天機星，掌握幸福就在先知先覺裡！

(3)「太陽星」

你的夫妻宮（或他的命宮）太陽星五行屬陽火，乃日之精，主權貴，司官祿主中天之主星，化氣曰貴。喜白天生人，夜生人居廟旺亦須扣分。入命個性聰明慈愛、不較是非、有魄力、浮華、好動、喜歡幫助人，凡事大而化之。

你的命中註定的對象是「泰式料理」，酸酸辣辣滋味十足；太陽星的熱情好像一把火，有勁的殷勤戀情，總以瘋狂的行徑來表達對你的情感；你希望你溫暖的情人，他願意犧牲奉獻，照顧你要無微不至、討你歡心；但是由於他的本質是博愛，很容易同時愛上好幾個，而且都很認眞，並非他太陽星濫情，而是因爲不夠成熟，把大愛錯誤處理成衆多小愛，目的只爲了燃燒自己普照大地，殊不知多情反成無情人。晚上生的太陽星，對感情容易虎頭蛇尾，缺乏自信心、成熟度、意氣用事。若你鍾愛泰式料理，你必須多些耐心忠於原味，與他長期抗戰、循循善誘。

相處模式是以你的福德宮來分析；你的夫妻宮（或他的命宮）爲太陽星者，其福德宮應組合不同，不一定是什麼星座入，有時是天同星、太陰星、巨門星或天梁星，故而兩人相處方式起伏難料；時而感性多疑、時而理性直率；吉星高照則琴瑟和鳴，煞星擋中則易相敬如兵、兵不厭詐。

七吉六煞星宿，吉星高照、煞星阻礙。

吉星：祿存星、天魁星、天鉞星、文昌星、文曲星、左輔星、右弼星

煞星：天空星、地劫星、陀羅星、擎羊星、火星、鈴星

知己知彼、百戰百勝，如何面對你的情人？夫妻宮（或他的命宮）是太陽星的人，由於他的性格剛烈容易意氣用事，最禁不起激將法，想分手就激怒讓他大發雷霆，若不想分手就小心別刺穿他剛烈的心。建議夫妻宮（或他的命宮）是太陽星的朋友：運用理智以柔克剛馴服獅子；談戀愛多觀察，注意這顆太陽是和煦還是烈焰？冷靜選擇正確後，要單純專一才能細水長流，融合太陽星的滿腔熱情，一同將豐沛的愛寄情於公益、回饋於社會！

(4)「武曲星」

你的夫妻宮（或他的命宮）武曲星五行屬陰金，爲北斗第六星。司財帛之主，又名將星，爲剛毅之宿，化氣曰財。配偶個性剛強耿直、心性果決，具有奮鬥的精神，做事乾淨俐落，固執主觀存有孤寡之感；重情重義、氣量寬宏、嫉惡如仇、果斷短思容易因小失大。

你的命中註定的對象是「黃金料理」，口口含著金銀銅鐵錫，嗜錢如命；武曲星是財帛主，天生理財好手，價值觀較爲實際精算；感情路上也難免偏重物質。在主觀強硬的個性下，重情義的武曲星顯得不擅表達，相當刻板的感情模式。

相處模式是以你的福德宮來分析；你的夫妻宮（或他的命宮）爲武曲星者，其福德宮必爲紫微星，所以你們相處模式自我意識強、固執己見、獨斷獨行；吉星高照則能溝通協調，煞星擋中則冥頑不化。

七吉六煞星宿，吉星高照、煞星阻礙。

吉星：祿存星、天魁星、天鉞星、文昌星、文曲星、左輔星、右弼星

煞星：天空星、地劫星、陀羅星、擎羊星、火星、鈴星

知己知彼、百戰百勝，如何面對你的情人？夫妻宮（或他的命宮）是武曲星的人，如何軟化他性格的強硬，得靠更多的智慧與柔軟度；除了愛情，別忘了麵包才能塡補武曲星的心思，如此說雖然俗氣，但是在武曲星的世界裡，貧窮夫妻確實百世哀。建議夫妻宮（或他的命宮）是武曲星的朋友：處理感情除了溝通協調，務實掙錢養家活口，才能讓配偶感受安全，夫妻同心相忍爲家，創造富貴齊家的理想世界。

(5)「天同星」

你的夫妻宮（或他的命宮）天同星五行屬陽水，爲南斗第四顆星。爲福德主，可解厄延壽制化，化氣曰福。配偶個性溫和慈祥，爲人謙遜耿直、無激亢，你好我好大家好；外放開朗、隨性自在，天眞笑容建立好人緣，精通文墨但較軟弱懶散；天性樂觀保有年輕，很難猜透天同星的實際年齡；廣結善緣，世上只有朋友沒有永遠的敵人。

你的命中註定的對象是「中式料理」，世界各國人人都愛、美味可口；天同星是福德主；幸福與否當然也與福份厚薄有關；他可是隨情隨性的感情頑童，太過隨遇而安，處理感情稍嫌草率，帶著交朋友試試看的心態，所以跳槽的機會很大；同性異性緣份皆佳，對方大多不請自來，所以不會爲了一顆樹放棄整個森林，你可要好好端詳喔。

相處模式是以你的福德宮來分析；你的夫妻宮（或他的命宮）爲天同星者，其福德宮必爲天機

星，故而二人相處斯文有禮，聰明有思想，鬼點子特多，增添生活樂趣；吉星高照則能夫唱婦隨，煞星擋中則精神糾結。

七吉六煞星宿，吉星高照、煞星阻礙。

吉星：祿存星、天魁星、天鉞星、文昌星、文曲星、左輔星、右弼星

煞星：天空星、地劫星、陀羅星、擎羊星、火星、鈴星

知己知彼、百戰百勝，如何面對你的情人？夫妻宮（或他的命宮）是天同星的人，由於他的性格隨性，很容易陷入感情，也很容易放棄感情，一切依循隨緣而定，因此難以維繫長久的關係，或任由第三者介入感情，造成難以收拾的窘境。建議夫妻宮（或他的命宮）是天同星的朋友：寵愛疼惜與理智處事二方必須平衡，與伴侶培養共同興趣，以加強與天同星相處的穩定性，避免依賴成性或自由使壞！

(6)「**廉貞星**」

你的夫妻宮（或他的命宮）廉貞星五行屬陰火帶木，為北斗第三星。配偶司品秩與權令，官祿主，化氣曰囚，又名囚宿。廉貞星為次桃花，個性狂傲、交際手腕靈活、一流公關人才；星性詭譎令人捉摸不定、古靈精怪鬼靈精、智多星；胸有城府、擅於謀略、思想前衛、看法獨到；處事單刀直入、著重要點、標新立異、善走捷徑；有抱負、有衝勁、具有領袖風格。

你的命中註定的對象是「越南料理」，香料詭譎多變、味道怪異卻誘人；廉貞星是官祿主；所以你的他對待感情猶如事業，掌控慾極強，對情人佔有慾也強（僅次於貪狼星），主攻心理戰略，擅於掌握情愛動向與發展，運用交際、威權及魅力操控情愛，黏人以情聖自居，擅於調情和追求刺激感，

容易隨情緒波動起伏；可謂是黏牙又好吃的情人。

相處模式是以你的福德宮來分析：夫妻宮（或他的命宮）爲廉貞星者，其福德宮必爲武曲星，故而二人相處直來直往、剛毅無趣，戀愛時風趣多變，但長期關係下卻缺乏變化，吉星高照則能經營有道，煞星擋中則兵刃相見。

七吉六煞星宿，吉星高照、煞星阻礙。

吉星：祿存星、天魁星、天鉞星、文昌星、文曲星、左輔星、右弼星

煞星：天空星、地劫星、陀羅星、擎羊星、火星、鈴星

知己知彼、百戰百勝，如何面對你的情人？夫妻宮（或他的命宮）是廉貞星的人，其對「情」字心胸狹窄，強烈的佔有及刺激，使人失去自由，愛得令人無法呼吸，這種作法豈不是自相殘殺。建議夫妻宮（或他的命宮）是廉貞星的朋友：加強情緒管理，排除外界誘惑，穩定心性，培養興趣轉移焦點，避免短兵相接摩擦生事，小別勝新婚維繫二人情感。

(7)「天府星」

你的夫妻宮（或他的命宮）天府星五行屬陽土，爲南斗第一星。主配偶延壽解厄，司權之宿，又號令星，爲祿庫，財帛田宅主。天府星爲人保守厚重、聰明清秀、外和內剛；處事穩重、精於理財，重金錢與事業慾；擅於飲食、喜好美物；司令星喜歡支配人，主觀意識強、驕傲自負。

你的命中註定的對象是「懷石料理」，精緻細膩、色香味俱全；夫妻宮天府星是祿庫、財帛田宅主；表示他對於感情靦腆內斂，有責任感，專一付出型，穩定而且富有安全感，旺夫益子有包容心；如長者般呵護、體貼維繫著愛情，但卻缺乏調情手法。

相處模式是以你的福德宮來分析：夫妻宮（或他的命宮）爲天府星者，其福德宮必爲天相星，故而二人相處總在營造唯美的氣氛，感情的世界必須完美無缺，人前必須顯現鶼鰈情深，如此放閃的氛圍中容易使人陶醉，也使人緊繃。吉星高照則能浪漫恩愛，煞星擋中則易相敬如冰、冷戰相對。

七吉六煞星宿，吉星高照、煞星阻礙。

吉星：祿存星、天魁星、天鉞星、文昌星、文曲星、左輔星、右弼星

煞星：天空星、地劫星、陀羅星、擎羊星、火星、鈴星

知己知彼、百戰百勝，如何面對你的情人？夫妻宮（或他的命宮）是天府星的人，由於是司令星，配偶常常不由自主地發號司令，你若是主觀意識強的人，往往難以忍受。重視物質的天府星，當激情退去後，總會驚醒而開始精打細算，一旦吃起了麵包就會忘記愛情。建議夫妻宮（或他的命宮）是天府星的朋友：適應其命令的口吻，智慧手腕維繫感情；與伴侶相扶相持，共同努力營造物質與精神平衡的幸福人生！

(8)「太陰星」

你的夫妻宮（或他的命宮）太陰星五行屬陰水，爲中天主星，司南北斗。田宅之主宰，化氣曰富。太陰星象徵陰柔、雌性、母愛、心靈的星宿，主配偶個性快樂享受，外貌文靜、內心好動、外緩內急、多愁善感、詩情畫意、性喜安享、缺乏衝勁，脾氣欠佳，多漂泊感易與女性接近。

你的命中註定的對象是「法國料理」，溫馨細緻、浪漫詩情、燈光美、氣氛佳；夫妻宮太陰星是田宅主；孝順顧家、善理家務、保守內斂、害羞膽小，不輕易吐露心事；懂得生活情趣，擅於調劑閒暇時間，喜歡與家人共處；待人總是淡雅但關懷，當情人需要慰藉時，傾心而出令對方心靈注入暖

流、溫馨滿懷。太陰星主張花好月圓的戀情；以心靈精神感受愛情模式，母愛光輝表達需要愛、被愛、愛人、愛到底、用盡心思愛人，要求相對愛與被愛的感受；嚮往詩情畫意、羅曼蒂克的世界。

相處模式是以你的福德宮來分析；夫妻宮（或他的命宮）爲太陰星者，其福德宮必爲天梁星，故而二人相處傳統內斂，框架於世俗倫理塵封的死板價值觀中，缺乏太陰星所追求的浪漫情懷；吉星高照則琴瑟和鳴，煞星擋中則易相敬如冰、冷戰相對。

七吉六煞星宿，吉星高照、煞星阻礙。

吉星：祿存星、天魁星、天鉞星、文昌星、文曲星、左輔星、右弼星

煞星：天空星、地劫星、陀羅星、擎羊星、火星、鈴星

知己知彼、百戰百勝，如何面對你的情人？夫妻宮（或他的命宮）是太陰星的人，適度的疑慮可以避免錯誤發生，但是過重的懷疑卻容易引發誤會，造成彼此的傷害；不妨試著放開心相信，也許他是眞的愛你。重視愛情的太陰星，過度浪漫造成忽略物質層面，餓著肚子享受愛情。建議夫妻宮（或他的命宮）是太陰星的朋友：信任取代疑惑，遭逢疑慮先停看聽求證，以避免誤會耽誤終生；與伴侶相扶相持，共同努力營造物質與精神平衡的幸福人生！

(9)**「貪狼星」**

你的夫妻宮（或他的命宮）貪狼星五行屬陽木帶水，北斗第一星，乃司禍福之主，化氣曰桃花，在數主風騷、放蕩。配偶個性剛猛且有機謀、做事急速不耐靜、長袖善舞，具有極強的適應環境能力，多靈巧具辯才、幽默、佔有慾強、嫉惡如仇、略帶偏激，喜新又念舊、重色輕友，易迷戀酒色賭博。

你的命中註定的對象是「麻辣料理」，嚐上了就愛上了，迷戀麻痺火辣，偶爾吃吃可養顏美容，但是經常吃就腹瀉難耐了；夫妻宮貪狼星是桃花主；非常適合活躍於人群中，嘴巴甜、愛撒嬌、幽默討喜，無論外貌才情、深具說服力；多才多藝樣樣通，卻不一定專精，缺乏耐性、流於虎頭蛇尾。懂得什麼場合說什麼話，見人說人話、見鬼說鬼話。過度嫉惡如仇，難免得理不饒人，標準欺惡怕善，俠士風範、替天行道。自尊心極強，強烈需求被愛與關注。

夫妻宮（或他的命宮）貪狼星是進退不定的城市獵人，對於桃花司空見慣，崇尚激烈的戀愛，執著於感情。貪狼星的感情觀以精明投機模式進行，強烈的佔有慾，用盡心思計謀贏得愛情，擁有絕不與人分享。

相處模式是以你的福德宮來分析：夫妻宮（或他的命宮）為貪狼星者，其福德宮必為七殺星，故而二人相處瘋狂戀愛，卻又無條理得謹慎起來，彼此的將軍性格，侵犯愛情戒律，一律殺無赦；過於緊繃時，調節不當而造成歇斯底里，失控時，管它裡子只要面子；吉星高照則濃情蜜意，煞星擋中則易相敬如兵、怒氣相向。

七吉六煞星宿，吉星高照、煞星阻礙。

吉星：祿存星、天魁星、天鉞星、文昌星、文曲星、左輔星、右弼星

煞星：天空星、地劫星、陀羅星、擎羊星、火星、鈴星

知己知彼、百戰百勝，如何面對你的情人？夫妻宮（或他的命宮）是貪狼星的人，高標準的完美主義，造成情感間緊繃的關係，兩人價值觀相異時，嚴明紀律只會造成關係破裂；要求公平對等關係，在愛情裡難免無法周全。建議夫妻宮（或他的命宮）是貪狼星的朋友：調節心情與降低標準，放鬆自己也放過情人，善用溝通協調能力，以智慧面對問題，管他面子裡子誰大，能夠營造幸福才是王

道！

⑽「巨門星」

你的夫妻宮（或他的命宮）巨門星五行屬陰水，爲北斗第二星。爲陰精之星，在數司是非，化氣曰暗。配偶口才佳、舌燦蓮花，適合動口生財的職業；豪放開朗、富正義感、刀子口豆腐心、嘴動得比腦子還快、靠嘴巴收買人心；餘興節目場合，夫妻宮巨門星總能妙語如珠、說學逗唱樂翻天；大發雷霆時卻口不擇言，連環炮破口大罵，雨過天晴又沒事人；巨門星需要滿足強烈的研究心、好奇心與疑惑心；大多能有好廚藝。

你的命中註定的對象是「臭臭鍋料理」，口味獨特惹人非議，仔細咀嚼香嫩口感，令人玩味喜愛；夫妻宮巨門星是非主；個性心地善良、頭腦冷靜、封閉謹慎、內斂守密，察言觀色、眼光銳利，但本性多疑、善欺瞞、疑心生暗鬼，遇事優柔寡斷，與人交往易流於初善終惡、欠缺人和、自我保護心強。越吵越愛的歡喜冤家，不吵不相識，三寸不爛之舌逗弄獵物，對愛人敏感多疑，先熱後冷變化快，舊情復燃機率高。對於感情，暗中預擬計畫，銳利觀察進退與時機動向發展，談情說愛的手腕高明；容易內心產生疑慮、猜忌、患得患失，期待又怕受傷害。

相處模式是以你的福德宮來分析；夫妻宮（或他的命宮）爲巨門星者，其福德宮對應組合不同，不一定是什麼星座入，有時是天機星、太陽星、天同星或太陰星，故而兩人相處方式起伏難料；時而感性多疑、時而理性直率；吉星高照則琴瑟和鳴，煞星擋中則易相敬如兵、兵不厭詐。

七吉六煞星宿，吉星高照、煞星阻礙。

吉星：祿存星、天魁星、天鉞星、文昌星、文曲星、左輔星、右弼星

煞星：天空星、地劫星、陀羅星、擎羊星、火星、鈴星

知己知彼、百戰百勝，如何面對你的情人？夫妻宮（或他的命宮）是巨門星的人，過於傳統刻板而缺乏情調，一成不變的生活模式，乏善可陳；面對尊師重道、禮俗教條，愛情再可愛也不准沒禮貌。建議夫妻宮（或他的命宮）是巨門星的朋友：學習適應環境，符合時代潮流，切勿故步自封、頑固不化，乏味的生活可是感情致命的慢性毒藥。熱心公益可以維繫感情，並保有自我空間，欲擒之必故張之，小別勝新婚可歷久彌新。

⑾「天相星」

你的夫妻宮（或他的命宮）天相星五行屬陽水，為南斗第二星。官祿之主宰，在數司爵為善福，衣食之享受，化氣曰印。配偶個性高度完美主義者，言行謹慎、思慮周詳、忠心耿耿、任勞任怨，做事有始有終，強烈好奇心，喜美食美衣、愛漂亮，好客、性喜調停多管、熱心過度、打腫臉充胖子，里長伯里長嬸的個性，亦屬桃花之辰。

你的命中註定的對象是「日本料理」，擺盤精緻、完美呈現；天相星是官祿主；一流的幕僚人才，管理協調能力強，機智反應靈敏；過於關心自己的事情，顯示自戀傾向；面子總比裡子重要，不給面子一切免談；喜歡受人讚美，卻又怕不好意思、假客氣；對外衣架子、形象佳、對內行政文書、條理分明。

相處模式是以你的福德宮來分析；夫妻宮（或他的命宮）為天相星者，其福德宮對應組合不同，不一定是什麼星座入，有時是紫微星、武曲星、廉貞星或貪狼星，故而兩人相處方式起伏難料；時而穩重實在、時而不按牌理出牌；吉星高照則琴瑟和鳴，煞星擋中則易相敬如冰，如坐針氈。

七吉六煞星宿，吉星高照、煞星阻礙。

吉星：祿存星、天魁星、天鉞星、文昌星、文曲星、左輔星、右弼星

煞星：天空星、地劫星、陀羅星、擎羊星、火星、鈴星

知己知彼、百戰百勝，如何面對你的情人？夫妻宮（或他的命宮）是天相星的人，遠離浪漫成了其一槍斃命的死穴；放下武器、膛上熱情，把製造情調當作自我挑戰，槍上迷情捕捉獵物；成爲愛情攻略無敵殺手；冷血戰士也能幸福滿溢、戰利滿堂。

⑿「天梁星」

你的夫妻宮（或他的命宮）天梁星五行屬陽土，南斗第三星，司壽祿，乃父母之主宰，化氣日蔭。配偶清秀溫和，逢凶化吉之辰、延壽之宿；個性孤高不群、正直無私，名士風度，深謀遠慮、長者風範，臨事果決、有機謀，善舌辯、易競爭、仗義直言、保護弱小、濟弱扶貧；頑固般的忠誠，心高氣傲、自命清高。

你的命中註定的對象是「素食料理」，養生清爽、淡雅可口；天梁星主壽；蔭星，逢凶化吉、轉危爲安、遇難呈祥，總是必逢凶才化吉；崇信宗教、信佛不信人；五術天份、中醫奇才。黃昏之戀，淡淡的日久間芬芳；沒有太多營求之心，只求心靈契合；誠懇有禮是絕對滿分，但是缺乏靈活處事技巧，不容易體會天梁星的愛意，面臨生活困境時，方能感受患難見眞情。不乏單身貴族，終身致力於慈善事業，大愛下常常忽略兒女私情。

相處模式是以你的福德宮來分析；夫妻宮（或他的命宮）爲天梁星者，其福德宮因應組合不同，不一定是什麼星座入，有時是天機星、太陽星、天同星或巨門星，故而內心情感方面表現不同；時而

成熟老練、時而頑童登場；吉星高照則琴瑟和鳴，煞星擋中則易相敬如兵、兵不厭詐。

七吉六煞星宿，吉星高照、煞星阻礙。

吉星：祿存星、天魁星、天鉞星、文昌星、文曲星、左輔星、右弼星

煞星：天空星、地劫星、陀羅星、擎羊星、火星、鈴星

知己知彼、百戰百勝，如何面對你的情人？夫妻宮（或他的命宮）是天梁星的人，各項差距影響著二人相處模式，長者風範須以互重互信為原則，包容彼此性格的差異，以養生健康為道、相扶到老。

⒀「七殺星」

你的夫妻宮（或他的命宮）七殺星五行屬陰金帶火、火化之金，南斗第五星，乃數中之上將，成敗之孤辰，專司斗柄，主孤剋刑煞之宿、司生死。入命個性沉吟、眼目有神、衝勁謀略行動派、倔強好勝、獨來獨往獨行俠、追逐金錢慾望強。

你的命中註定的對象是「韓式料理」，辣勁冰冷若無情、鍋湯湯灑熱力無限；七殺星主肅殺；喜怒無常進退不一，性急暴躁遇事冷靜；有著將在外君命可以不受的叛逆性、軟硬難施；敢愛敢恨、歇斯底里；標準的冰山美人、酷哥帥妹。處理感情阿莎力、開門見山不婆媽；不懂得甜言蜜語、過於直接乾脆、要愛就愛不愛拉倒，缺乏溫柔情調，滿腔情絲也只能顧影自憐；失敗永不氣餒不妥協，為愛犧牲奉獻。總喜歡差距情人，如喜歡上不同宗教、種族、階級、黨派、生活習慣、思想觀念……的對象，向高難度挑戰，屢敗屢戰、屢戰屢勝。

相處模式是以你的福德宮來分析；夫妻宮（或他的命宮）為七殺星者，其福德宮必為破軍星，故

而二人相處先破壞後建設，再建設再破壞，重複輪迴在建設與破壞之間，感情的強度與韌性也在時時考驗中鍛鍊，鍊成則為金石、失敗則為頑石；吉星高照則你儂我儂，煞星擋中則兵戎相見。

七吉六煞星宿，吉星高照、煞星阻礙。

吉星：祿存星、天魁星、天鉞星、文昌星、文曲星、左輔星、右弼星

煞星：天空星、地劫星、陀羅星、擎羊星、火星、鈴星

知己知彼、百戰百勝，如何面對你的情人？夫妻宮（或他的命宮）是七殺星的人，在你多變性格中，變化就是生活，多變就是情調；如何培養二人默契？你追我跑、我趕你溜，享受追趕跑跳碰的樂趣，適者生存、不適者淘汰。

⒁「破軍星」

你的夫妻宮（或他的命宮）破軍星五行屬陰水，北斗第七星，司夫妻子息奴僕之宿，在數為殺氣，又名耗星，化氣曰耗，乃不利六親之宿。入命個性有衝勁，具開創精神，與人寡合、隨心所欲、狂傲多疑，耐不住性子。

你的命中註定的對象是「無菜單料理」，驚奇摸索、不按牌理出菜；破軍星主禍福；孤寡荊棘，親人間離合悲歡；喜歡差距情人，容易愛上不同宗教、種族、階級、黨派、生活習慣、思想觀念……的對象，追求高難度、挑戰自我；具有開創精神及獨特嗜好，戀愛方式與衆不同，可以不顧世俗或離經叛道，不婚同居、未婚生子、先上車後補票、閃電結婚，出奇不意、甘之如飴；情人間容易聚少離多或性格不合，常因為溝通不良導致分離。

相處模式是以你的福德宮來分析；夫妻宮（或他的命宮）為破軍星者，其福德宮必為貪狼星，故

而二人相處如豺狼虎豹、變化多端；醞釀著叛逆的種子，冰封的艾莎女王、失控的魔法、難以駕馭的愛情；吉星高照則刻骨銘心，煞星擋中則永難和平。

七吉六煞星宿，吉星高照、煞星阻礙。

吉星：祿存星、天魁星、天鉞星、文昌星、文曲星、左輔星、右弼星

煞星：天空星、地劫星、陀羅星、擎羊星、火星、鈴星

知己知彼、百戰百勝，如何面對你的情人？夫妻宮（或他的命宮）是破軍星的人，你常常不自主發號司令，伴侶若是主觀意識強的人，往往難以忍受。當激情退去後總會驚醒而精打細算，故而開始吃起麵包忘了愛情。建議夫妻宮（或他的命宮）是破軍星的朋友：以溝通取代命令，以退為進或反其道的智慧手腕來維繫感情；與伴侶相扶相持，共同努力營造進退有度的幸福人生！

3-2 瘋狂愛上的對象

每個人都有自己偏好的對象，儘管不是最適合，但你仍會瘋狂愛上某類型的人；你會愛之疼之欲罷不能，心甘情願對他付出、甘之如飴、無怨無悔；在情路上的探索，經過筆者多年驗證發現，極少數人能夠成為彼此的喜好對象並共結連理；即便結婚，若不了解相處之道，也難以白頭偕老、永浴愛河；自古以來有道是：「夫妻是相欠債！」債淺短暫痛苦，債深則一生罣礙。

以下將告訴你，你喜好的對象是哪一種人？你心甘情願為他付出；但你未必能夠得到同等的回

報，往往是無怨無悔地付出。另外，你也可以算出，哪一種人會喜歡你？也就是會義無反顧愛你的人是誰？這個人會爲你赴湯蹈火，雖你未必深愛他，他卻仍十分疼愛你、凡事將你擺在第一優先順位。本書讓你在感情路上了解姻緣因果，讓你勝於未戰之時，擁有選擇權、發球權，如何抉擇？如何面對？如何追求幸福？知命掌運穩操勝券，造命改運操之在你！

◎五步驟算出你的狂戀對象

請打開你的紫微斗數命盤，找到你喜好對象命宮中的星宿，取得尋愛的關鍵鑰匙。

依循以下五步驟找到你的眞愛：

1.請先上網查詢你的紫微斗數命盤。

2.找到你的命宮位置。

3.確認命宮上的天干（甲、乙、丙、丁……）是什麼？

4.用你的命宮天干對照「喜好對象星宿對應表」（見次頁）。

5.找出對應的星宿，若對方的命宮有此星宿，那

<table>
<tr><td></td><td></td><td></td><td></td></tr>
<tr><td></td><td colspan="2" rowspan="2">你的
紫微斗數命盤</td><td></td></tr>
<tr><td></td><td></td></tr>
<tr><td></td><td>甲
命宮</td><td></td><td></td></tr>
</table>

個人就是會令你瘋狂愛上的人。

由你的命宮天干對應的星宿就是你會無條件愛上的人，可觀察對方的命宮星宿是否爲此星宿！想要了解你最愛的人其星宿的感情觀，請參考本書第二章。

你的命宮天干	您喜好的星宿 對方命宮星宿
甲	廉貞星
乙	天機星
丙	天同星
丁	太陰星
戊	貪狼星
己	武曲星
庚	太陽星
辛	巨門星
壬	天梁星
癸	破軍星

▲喜好對象星宿對應表

◎實例說明

王女士民國八十年次（辛未年生）喜歡哪種類型的人？

1.王女士需先查詢自己的紫微斗數命盤。

2.找到王女士的命宮在「午」位。

3.命宮上的天干是「甲」。

4.用命宮天干對照「喜好對象星宿對應表」。

5.天干甲對應的星宿「廉貞星」，命宮是「廉貞星」的人，就是王女士會瘋狂愛上的人。

但是，廉貞星是何種人呢？其感情觀？可參考第二章的說明。

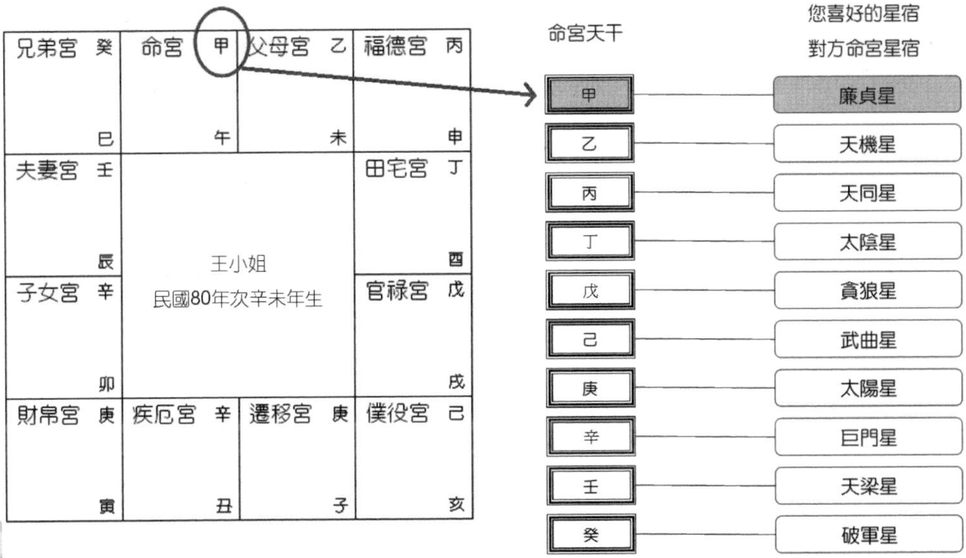

3-3 最適合的對象

最適合你的對象，就是能夠讓你一輩子幸福圓滿的人，爲你付出心甘情願、甘之如飴、無怨無悔；如何能找到如此良人而享受甜蜜？這種人經常是你忽略的對象，必須細心觀察身邊互動的對象。若有幸交往，彼此的磨合期會比前兩種的對象更短，成爲天作之合。本書教會你是否能更快判斷對方是否是値得付出的人？提早了解適合你的對象是誰，將能夠避免那些跌跌撞撞的情感波折，減少在感情中受傷的機會，更有效找到你的幸福。

尋找適合對象的關鍵密碼中，不難發現有幾顆主星宿無法對應，紫微星、天府星、天相星、七殺星，難道這些朋友就找不到眞愛嗎？

老天爺的宿命安排之中，找到適合對象（養生菜色）的人寥寥無幾，就算有福氣找到，也常因爲不是自己的最愛，而錯失良緣；依循「適合對象星宿對應表」可以清楚找到眞愛你的人，令人稱羨的神仙眷侶；而未參與對應表的朋友，命宮主星紫微星、天府星、天相星、七殺星者，月下老人開玩笑除了名；老天爺賜予你們高人一等的能力，優異表現讓你們擁有照顧愛人的能力，在你的大樹蔭下愛人好乘涼，還好你們是超級自戀狂，自己愛自己比起討愛來得實在多了，這四個星宿的朋友尙可以運用紫微斗數因子學找到經濟助力、心靈契合或肉體來電的對象；也許眞心不易，人生需要靠自己用心經營，運用本書第五章克服先天障礙，「我命本自然，果然由我不由天。」創造自我掌握的永恆幸福。

◎四步驟算出適合你的對象

請打開你的紫微斗數命盤，找到適合對象命宮中的星宿，取得尋愛的關鍵鑰匙。

依循以下四步驟找到你的眞愛：

1.請先上網查詢你的紫微斗數命盤。

2.確認你命宮的星宿是什麼？（若無主星，請見對宮星宿）

3.用你的命宮星宿對照「適合對象星宿對應表」（見次頁）

4.找出最適合對象的命宮上的天干（甲、乙、丙……），若和對方的命宮天干相同，那個人就是最適合你的人。

您的命宮星宿	他的命宮天干
廉貞星	甲
天機星	乙
天同星	丙
太陰星	丁
貪狼星	戊
武曲星	己
太陽星	庚
巨門星	辛
天梁星	壬
破軍星	癸

▲適合對象星宿對應表

◎實例說明

王女士民國八十年次（辛未年）生。適合的對象是哪一種人呢？

1. 王女士需先查詢自己的紫微斗數命盤。
2. 找到王女士命宮（午位）的星宿是「廉貞星」。
3. 用「廉貞星」對照「適合對象星宿對應表」。
4. 最適合王女士的對象是命宮天干是「甲」的人。

兄弟宮 癸 巳	命宮 甲 廉貞星 午	父母宮 乙 未	福德宮 丙 申
夫妻宮 壬 辰	王小姐 民國80年次辛未年生		田宅宮 丁 酉
子女宮 辛 卯			官祿宮 戊 戌
財帛宮 庚 寅	疾厄宮 辛 丑	遷移宮 庚 子	僕役宮 己 亥

您的命宮星宿	他的命宮天干
廉貞星	甲
天機星	乙
天同星	丙
太陰星	丁
貪狼星	戊
武曲星	己
太陽星	庚
巨門星	辛
天梁星	壬
破軍星	癸

3-4 走在幸福的道路上

本章爲你找出自己「命中註定的人」、「瘋狂愛上的人」和「最適合的人」，爲有對象者判斷對方和你的關係，爲單身者提供尋覓的指標。透過紫微斗數算愛的方式，有助於婚前對象的選擇與適應，或婚後雙方的理解和包容。命中註定相遇的人不見得是最好的對象，讓你狂戀的人總是刻骨銘心，適合你的人卻容易忽略。

在順天命之外，我們可以學習知命改運扭轉乾坤，古人認命無從選擇，任憑命運捉弄，把吃苦當作吃補；現代的你還願意如此嗎？正因爲不願意，才會造成現今離婚率如此高漲；自由戀愛的世界裡，沒有正確的選擇方式，產生了惡性循環。所以知己知彼、百戰百勝，認識了解你感情路上的主角、配角；清楚知道對方是否是對的人？就能做出正確的選擇，並且學習相處與因應之道，才能造命經營永續長存的幸福關係。

知道適合自己的對象雛形後，單身者要掌握認識感情的時機點！了解自己的正緣何時會來？若是在婚前遇見你覺得適合的對象，想要知道何時才是你們共結連理的最好時機？或是婚後最容易產生感情波折的時間點爲何？就需要繼續往下一個章節，算出你的婚姻時機點及姻緣危機點。接下來，讓我們一起通往幸福之道。

第4章

算愛要訣三

感情幸福的時機點

紫微斗數的智慧猶如人生地圖，引導我們選擇正確的路，學習紫微斗數可以預測未來的命運，打破宿命論，人定勝天；做好自我與風險的管理，循序漸進、妥善經營，即使沒命沒格的人，也能造命創造奇蹟，活出自信成功的人生。請跟著我們一起探索未來吧！

確認自己的感情觀和對象後，必須審視感情時運的好壞，好時攻、不好時守，勝於未戰之時。老祖宗智慧的流傳，就是要讓有福報的人少走冤枉路。月有陰晴圓缺、人有旦夕禍福，如何抓住獲得幸福的時機？以及幸福路上風險四伏如何管理？這可是不得不學習的幸福祕訣！

掌握感情路的三大時機點，你的幸福就會跟著來：

1.**姻緣斷裂線**：月下老人失責，不小心拉斷了某些人的姻緣線；姻緣線的斷裂往往使得俊男美女、善男信女，無法擁有真愛或是難以善終。你若非自願落入這個不婚族群者，正是所謂先天不足，只能靠後天調理了。

2.**姻緣時機點**：在對的時機遇到不對的人，在不對的時機遇到對的人；這些窘境情非得已，如何抓準時間點非常重要；正確時機一到，必須快狠準，而時機不對時，守靜爲安，以免落入陷阱，遇到不對的人。

3.**姻緣危機點**：幸福是憑空得來的嗎？不是的，幸福是經過酸甜苦辣精釀而成的；你必須學習姻緣的危機點，何時會爆出戰火？出奇制勝、戰無不克，握住幸福緊緊不流失。

4-1 姻緣斷裂線：你有姻緣紅線嗎？

姻緣斷裂線——月下老人失責，不小心拉斷了某些人的姻緣線；姻緣線的斷裂往往使得俊男美女、善男信女無法擁有眞愛或是難以善終。你若非自願落入這不婚族群者，正是所謂先天不足，只能靠後天調理了。（有斷裂線者，可參考4-6改善不良關係——輔導案例）

曾經在一場情人節單身派對裡，翔鉞擔任活動的愛情顧問；放眼觀之，現場男男女女，各個外貌英俊美麗、條件優秀出色；但是三、四十歲了，仍舊找不到適合的對象，或總是無疾而終；他們並非不婚族，對婚姻仍舊抱持著希望，可是左顧右盼等無人；爲什麼？誰能告訴他（她）們答案？解析命盤時發現，他們有著共通點，就是命盤中的姻緣線都斷裂了，不知是月老失責？還是老天爺開玩笑？讓這群社會菁英落入感情黑洞；你是否也有同樣的困擾？讓我們一起來一窺究竟吧！

◎四步驟找出姻緣斷裂線

▼從民國出生年尾數表：由夫妻宮或田宅宮找到姻緣斷裂線

1.請先準備好你的命盤

2.確認你的民國出生年尾數，對照次頁的「姻緣斷裂線」圖表

3.對照你命宮地支（子、丑、寅、卯……）的那一格，得出一顆星宿。

4.若你的夫妻宮或田宅宮有此星宿，即代表你的姻緣線斷裂了。

(1)姻緣斷裂線 地圖民國出生年尾數「0」

命宮	夫妻宮或田宅宮
子	貪狼星
丑	太陽星
寅	太陰星
卯	廉貞星
辰	巨門星
巳	天機星
午	文曲星
未	天同星
申	文昌星
酉	天同星
戌	文昌星
亥	武曲星

(2)姻緣斷裂線 地圖民國出生年尾數「1」

命宮	夫妻宮或田宅宮
子	太陰星
丑	廉貞星
寅	巨門星
卯	天機星
辰	文曲星
巳	天同星
午	文昌星
未	武曲星
申	貪狼星
酉	武曲星
戌	貪狼星
亥	太陽星

(3)姻緣斷裂線 地圖民國出生年尾數「2」

命宮	夫妻宮或田宅宮
子	巨門星
丑	天機星
寅	文曲星
卯	天同星
辰	文昌星
巳	武曲星
午	貪狼星
未	太陽星
申	太陰星
酉	太陽星
戌	太陰星
亥	廉貞星

(4)姻緣斷裂線 地圖民國出生年尾數「3」

命宮	夫妻宮或田宅宮
子	文曲星
丑。	天同星
寅	文昌星
卯	武曲星
辰	貪狼星
巳	太陽星
午	太陰星
未	廉貞星
申	巨門星
酉	廉貞星
戌	巨門星
亥	天機星

(5)姻緣斷裂線 地圖民國出生年尾數「4」

命宮	夫妻宮或田宅宮
子	文昌星
丑	武曲星
寅	貪狼星
卯	太陽星
辰	太陰星
巳	廉貞星
午	巨門星
未	天機星
申	文曲星
酉	天機星
戌	文曲星
亥	天同星

(6)姻緣斷裂線 地圖民國出生年尾數「5」

命宮	夫妻宮或田宅宮
子	貪狼星
丑	太陽星
寅	太陰星
卯	廉貞星
辰	巨門星
巳	天機星
午	文曲星
未	天同星
申	文昌星
酉	天同星
戌	文昌星
亥	武曲星

(7)姻緣斷裂線 地圖民國出生年尾數「6」

命宮	夫妻宮或田宅宮
子	太陰星
丑	廉貞星
寅	巨門星
卯	天機星
辰	文曲星
巳	天同星
午	文昌星
未	武曲星
申	貪狼星
酉	武曲星
戌	貪狼星
亥	太陽星

(8)姻緣斷裂線 地圖民國出生年尾數「7」

命宮	夫妻宮或田宅宮
子	巨門星
丑	天機星
寅	文曲星
卯	天同星
辰	文昌星
巳	武曲星
午	貪狼星
未	太陽星
申	太陰星
酉	太陽星
戌	太陰星
亥	廉貞星

(9)姻緣斷裂線 地圖民國出生年尾數「8」

命宮	子	丑	寅	卯	辰	巳	午	未	申	酉	戌	亥
夫妻宮或田宅宮	文曲星	天同星	文昌星	武曲星	貪狼星	太陽星	太陰星	廉貞星	巨門星	廉貞星	巨門星	天機星

(10)姻緣斷裂線 地圖民國出生年尾數「9」

命宮	子	丑	寅	卯	辰	巳	午	未	申	酉	戌	亥
夫妻宮或田宅宮	文昌星	武曲星	貪狼星	太陽星	太陰星	廉貞星	巨門星	天機星	文曲星	天機星	文曲星	天同星

◎姻緣斷裂線實例說明

王女士民國八十年次辛未年生，出生年尾數「0」。王女士姻緣線是否斷裂？

1.王女士先查詢自己的紫微斗數命盤。

2.王女士民國出生年尾數為「0」。

3.王女士命宮在「子」位，連線至貪狼星。發現夫妻宮果然有貪狼星。

命宮	子	丑	寅	卯	辰	巳	午	未	申	酉	戌	亥
夫妻宮或田宅宮	貪狼星	太陽星	太陰星	廉貞星	巨門星	天機星	文曲星	天同星	文昌星	天同星	文昌星	武曲星

因此，王女士感情的不順遂，原因乃是姻緣線斷裂了，導致晚婚、不婚、畸戀……等不完美愛情。

世人遭逢姻緣斷裂線的比率並不高，但若是斷裂了，通常會造成晚婚、不婚、畸戀…等現象；排除單身主義心態不婚族群，這些朋友會經歷許多感情的磨難或空虛的寂寞。先天不足造成人生遺憾，八字並非我們可以選擇，所以老祖宗總是慈悲留下解決的方法，「一命、二運、三風水、四積陰德、五讀書」命運無法改變的狀態下，必須仰賴後天的強化修整；三風水能夠使人調節身心，進而改造命運；四積陰德累積無數的行善福德，以歡喜心創造幸福；五讀書攻讀研究老祖宗智慧，知命掌運並自我修持，調整性格可得順勢的改造；無論如何，天底下沒有不能解決的問題；即使斷裂也能重建修復，搭起幸福的橋樑；一切取決於你的智慧，挖掘世界的美好。見第五章布置開運幸福風水，讓您招來好桃花。

<table>
<tr><td>僕役宮 癸
巳</td><td>遷移宮 甲
午</td><td>疾厄宮 乙
未</td><td>財帛宮 丙
申</td></tr>
<tr><td>官祿宮 壬
辰</td><td colspan="2" rowspan="2">王小姐
民國80年次辛未年</td><td>子女宮 丁
酉</td></tr>
<tr><td>田宅宮 辛
天同星
卯</td><td>夫妻宮 戊
貪狼星
戌</td></tr>
<tr><td>福德宮 庚
寅</td><td>父母宮 辛
丑</td><td>命宮 庚
廉貞星
天相星
子</td><td>兄弟宮 己
亥</td></tr>
</table>

4-2 姻緣時機點：姻緣牽成了嗎？

姻緣時機點——在對的時機遇到不對的人，在不對的時機遇到對的人；這些窘境情非得已，如何抓準時間點非常重要；正確時機一到，必須快、狠、準；時機不對時，寧可守靜爲安，以免落入陷阱。

話說結婚需要「昏頭」才能促成；無論你是昏頭？還是頭昏？甚至腦袋清楚得很；姻緣時機點都非常重要；這是婚姻的基準點，順利者白頭偕老，不順利者埋下伏筆；老祖宗智慧裡有個線條爲「婚姻終止線」，統計平均七年劃下句點；想要經營圓滿的婚姻生活，老祖宗給我們的提點不得不重視；古代合婚與擇日（見第一九四頁）的確重要，但是現代人都忽略了。合婚是爲了了解二人結合的優劣利弊；擇日是爲了擇選吉祥的結婚時間，祈求好的開始；擇日中有「陽氣」、「陰胎」，用於擇算男女初夜的吉祥交合時刻，選擇錯誤會造成男陽痿早洩、女痛經不孕等生殖毛病；以上都是造成離婚率提高的因素之一；我們不必迷信宿命，但可以將紫微斗數的智慧作爲重要的參考，營造幸福美滿的人生。

姻緣時機點：前提是必需沒有遇到姻緣斷裂線，才能依循姻緣時機點聯結姻緣。分爲二個階段，正緣時機點與結婚時機點。

● **正緣時機點：**

在自由戀愛的環境裡，男男女女、向右走向左走，很難斷定誰才是正緣，誰才是會結婚的對象？在這爲你介紹，何時會遇到結婚對象的時機點，而婚姻是否幸福要參照第五章的助力，Mr. and Mis. Right的擇選與相處之道。

● **結婚時機點：**

二個人相戀，有閃電結婚的，也有漫漫長路而殊途同歸的，這無關自願與否？無關是否眞愛？無關是否準備好面對婚姻？只在頭昏時刻到了、機緣到了，姻緣靈動發生了；無論如何就要結婚？這是感情諮詢中最常見的提問，介紹給各位，以作爲人生規劃的參考；至於是否能順利結婚？或是否開始獲得幸福，要參考第五章。

◎正緣時機點：何時能夠遇到結婚對象？

在自由戀愛的環境裡，男男女女、向右走向左走，很難斷定誰才是正緣，誰才是會結婚的對象？現在介紹甚麼時候會遇到結婚對象的時機點；至於婚姻是否幸福要參照第五章的幸福風水，眞命天子和眞命天女的選擇與相處之道。

根據命理統計，姻緣「化祿星」影響著遇到正緣的時機點，當正緣出現時，也代表容易遇到老天爺注定的結婚對象，故而構成結婚的成熟期；因素已經建立，至於結果仍舊會受到姻緣斷裂線的影響，斷裂者則雖遇見正緣也姻緣難成；而沒有斷裂且桃花旺盛者，則姻緣會順著正緣時機點及結婚時機點，而早日開花結果。

◎四步驟找到你的正緣時機點

1. 請先查詢你的命盤
2. 從命盤找到命宮的星辰，並確認民國出生年尾數。
3. 直接查詢「正緣時機點對應表」（如圖）
4. 連線到你的正緣時機點

天府星	廉貞星	天同星	武曲星	太陽星	天機星	紫微星	命宮星宿／出生年尾數
22~35歲	15~25歲	22~35歲	15~25歲	22~35歲	22~35歲	22~35歲	0
15~25歲	15~25歲	22~35歲	22~35歲	22~35歲	22~35歲	15~25歲	1
22~35歲	22~35歲	15~25歲	22~36歲	15~25歲	15~25歲	22~35歲	2
22~35歲	22~35歲	15~25歲	22~35歲	22~35歲	15~25歲	22~35歲	3
15~25歲	22~35歲	22~35歲	15~25歲	22~35歲	22~35歲	15~25歲	4
15~25歲	15~25歲	15~25歲	15~25歲	22~35歲	22~35歲	22~35歲	5
15~25歲	15~25歲	22~35歲	15~25歲	22~35歲	15~25歲	15~25歲	6
22~35歲	22~36歲	15~25歲	22~35歲	15~25歲	15~25歲	22~35歲	7
22~35歲	22~36歲	22~35歲	22~35歲	15~25歲	15~25歲	22~35歲	8
15~25歲	22~36歲	22~35歲	22~35歲	22~35歲	15~25歲	15~25歲	9

破軍星	七殺星	天梁星	天相星	巨門星	貪狼星	太陰星	命宮星宿／出生年尾數
15~25歲	15~25歲	22~35歲	15~25歲	22~35歲	15~25歲	15~25歲	0
15~25歲	15~25歲	22~35歲	15~25歲	22~35歲	15~25歲	22~35歲	1
22~35歲	22~35歲	22~35歲	22~35歲	15~26歲	22~35歲	15~25歲	2
22~35歲	22~35歲	22~35歲	22~35歲	15~26歲	22~36歲	15~25歲	3
15~25歲	22~35歲	22~35歲	15~25歲	22~35歲	15~25歲	22~35歲	4
15~25歲	22~35歲	22~35歲	15~25歲	22~35歲	15~25歲	22~35歲	5
15~25歲	15~25歲	22~35歲	15~25歲	22~35歲	15~25歲	22~35歲	6
22~35歲	22~35歲	15~25歲	22~35歲	15~25歲	22~35歲	15~25歲	7
22~35歲	22~35歲	15~25歲	22~35歲	15~25歲	22~35歲	15~25歲	8
15~25歲	15~25歲	22~35歲	15~25歲	22~35歲	15~25歲	22~35歲	9

◎正緣時機點實例說明

陳女士民國七十六年次生（31歲）。陳女士的正緣時機點是什麼時候？

1.陳女士先查詢自己的命盤

2.從命盤找到命宮的星辰爲「太陰星」，並確認民國出生年尾數爲6。

3.直接查詢「正緣時機點對應表」

4.連線結果，陳女士的正緣時機點「22-35歲」。因此，陳女士在四年內還有機會遇到自己的正緣，需要好好把握。

◎結婚時機點：到底幾歲會結婚？

結婚時機點：二個人相戀，有閃電結婚的，也有漫漫長路卻無疾而終的，這無關自願與否？無關是否眞愛？無關是否準備好面對婚姻？只因結婚時機點到了、機緣到了，姻緣靈動發生了；無論如何就是自然走到結婚這個境地。

「我什麼時候會結婚呢？」這是感情諮詢中最常見的提問，本書推算給各位，作爲人生規劃的參

父母宮	福德宮	父母宮	官祿宮
命宮 **太陰星**	**陳小姐**	農曆民國76年生	奴僕宮
兄弟宮			遷移宮
夫妻宮	子女宮	財帛宮	疾厄宮

考；至於是否能順利結婚？或是否開始獲得幸福，要參考本書第五章。

結婚時機點必須具備「家有囍事」的線條，紫微斗數命盤中有祿星入子田線，代表著家有囍事；這線條事關結婚的時機點，通常是指第一次婚姻點。若沒有落在這個時間點上，是因選擇的對象有關；或是其他人爲、後天環境……等因素造成。

結婚時機點就是姻緣靈動星引動，月下老人正在牽連著紅線，若雙方都能在同時的引動點上，姻緣也就在一線牽動之間，綻放著囍訊的火花；這個線條除了帶來姻緣外，也具有藍田種玉、懷孕生子的現象；雙方若能安排就緒或是眞不小心，亦有雙囍臨門的靈動力。

在命盤中家有囍事有三種方式可看出結婚時機點：

1.大祿、流祿、小祿入流年四正位（靈動力最強）：

化祿星落入流年當年的四正位（流年的命宮、遷移宮、子女宮、田宅宮），引動結婚靈動力；在無先天與後天的阻力下，必可姻緣有成。

2.流祿、小祿入大限四正位（靈動力次之）：

流祿星及小祿星落入大限十年的四正位（大限的命宮、遷移宮、子女宮、田宅宮），引動結婚靈動力僅次於第一種算法；在無先天與後天的阻力下，必可姻緣有成。

3.大祿、流祿、小祿入小祿四正位（靈動力最弱）：

流祿星及小祿星落入小限當年的四正位（小限的命宮、遷移宮、子女宮、田宅宮），引動結婚靈動力最弱；部分人會在此時機點有所姻緣。

註：「大祿」大限化祿星；「流祿」流年化祿星；「小祿」小限化祿星。

本書是運用第一種方法算出的結婚時機點，近乎95％者可運用第一種算法看出，除了第一種的靈動力之外，尚有可能發生於第2或3種的算法中，敬請讀者善用，若有疑慮歡迎洽詢筆者。

◎六步驟找到你的結婚時機點：「虛歲」幾歲時產生婚緣靈動？

1. 表列出你的命盤，並開啓光碟中的「結婚時機點」資料夾。（可參考第195頁說明）
2. 找出自己命宮的位置（子、丑、寅、卯…），點開對應的PDF。
3. 找到你的生肖（鼠、牛、虎、兔、龍、蛇…）的分頁。
4. 確認自己的民國出生年尾數。
5. 找到你命宮的星宿即可連線到你婚姻靈動時機點。
6. 演算出你結婚的虛歲年齡。

出生年尾數/命宮星宿	性別	紫微/貪狼	天機/巨門	太陽/天梁	武曲/天府	天同/太陰	廉貞/天相	七殺星	破軍星
0	男	28 或 31 或 34 或 36 或 39 歲	24 或 27 或 30 或 32 或 35 歲	25 或 28 或 31 或 33 或 36 歲	27 或 30 或 33 或 35 或 38 歲	23 或 26 或 29 或 34 或 37 歲	26 或 29 或 32 或 34 或 37 歲	27 或 30 或 33 或 35 或 38 歲	26 或 29 或 32 或 34 或 37 歲
	女	28 或 31 或 34 或 35 或 38 歲	26 或 29 或 32 或 34 或 37 歲	25 或 28 或 31 或 32 或 35 歲	26 或 29 或 32 或 34 或 37 歲	24 或 27 或 30 或 33 或 36 歲	27 或 30 或 33 或 36 或 39 歲	26 或 29 或 32 或 34 或 37 歲	27 或 30 或 33 或 36 或 39 歲
1	男	25 或 28 或 31 或 33 或 36 歲	24 或 27 或 30 或 32 或 35 歲	25 或 28 或 31 或 33 或 36 歲	27 或 30 或 33 或 35 或 38 歲	23 或 26 或 29 或 33 或 36 歲	26 或 29 或 32 或 34 或 37 歲	27 或 30 或 33 或 35 或 38 歲	26 或 29 或 32 或 34 或 37 歲
	女	25 或 28 或 31 或 33 或 36 歲	23 或 26 或 29 或 34 或 37 歲	25 或 28 或 31 或 33 或 36 歲	26 或 29 或 32 或 34 或 37 歲	24 或 27 或 30 或 34 或 37 歲	27 或 30 或 33 或 34 或 37 歲	26 或 29 或 32 或 34 或 37 歲	27 或 30 或 33 或 34 或 37 歲
2	男	25 或 28 或 31 或 32 或 35 歲	24 或 27 或 30 或 34 或 37 歲	25 或 28 或 31 或 32 或 35 歲	27 或 30 或 33 或 34 或 37 歲	23 或 26 或 29 或 32 或 35 歲	26 或 29 或 32 或 33 或 36 歲	27 或 30 或 33 或 34 或 37 歲	26 或 29 或 32 或 33 或 36 歲
	女	26 或 29 或 32 或 33 或 36 歲	24 或 27 或 30 或 34 或 37 歲	26 或 29 或 32 或 33 或 36 歲	27 或 30 或 33 或 34 或 37 歲	25 或 28 或 31 或 32 或 35 歲	25 或 28 或 31 或 32 或 35 歲	27 或 30 或 33 或 34 或 37 歲	25 或 28 或 31 或 32 或 35 歲
3	男	26 或 29 或 32 或 33 或 36 歲	24 或 27 或 30 或 32 或 35 歲	26 或 29 或 32 或 33 或 36 歲	27 或 30 或 33 或 35 或 38 歲	22 或 25 或 28 或 34 或 37 歲	25 或 28 或 31 或 34 或 37 歲	27 或 30 或 33 或 35 或 38 歲	25 或 28 或 31 或 34 或 37 歲
	女	26 或 29 或 32 或 33 或 36 歲	24 或 27 或 30 或 32 或 35 歲	26 或 29 或 32 或 33 或 36 歲	27 或 30 或 33 或 35 或 38 歲	22 或 25 或 28 或 34 或 37 歲	25 或 28 或 31 或 34 或 37 歲	27 或 30 或 33 或 35 或 38 歲	25 或 28 或 31 或 34 或 37 歲
4	男	26 或 29 或 32 或 33 或 36 歲	24 或 27 或 30 或 34 或 37 歲	24 或 27 或 30 或 33 或 36 歲	27 或 30 或 33 或 34 或 37 歲	22 或 25 或 28 或 32 或 35 歲	25 或 28 或 31 或 32 或 35 歲	27 或 30 或 33 或 34 或 37 歲	25 或 28 或 31 或 32 或 35 歲
	女	25 或 28 或 31 或 33 或 36 歲	24 或 27 或 30 或 34 或 37 歲	25 或 28 或 31 或 33 或 36 歲	27 或 30 或 33 或 34 或 37 歲	23 或 26 或 29 或 32 或 35 歲	26 或 29 或 32 或 35 或 38 歲	27 或 30 或 33 或 34 或 37 歲	26 或 29 或 32 或 35 或 38 歲
5	男	28 或 31 或 34 或 35 或 38 歲	26 或 29 或 32 或 34 或 37 歲	25 或 28 或 31 或 32 或 35 歲	26 或 29 或 32 或 34 或 37 歲	24 或 27 或 30 或 33 或 36 歲	27 或 30 或 33 或 36 或 39 歲	26 或 29 或 32 或 34 或 37 歲	27 或 30 或 33 或 36 或 39 歲
	女	28 或 31 或 34 或 36 或 39 歲	24 或 27 或 30 或 32 或 35 歲	25 或 28 或 31 或 33 或 36 歲	27 或 30 或 33 或 35 或 38 歲	23 或 26 或 29 或 34 或 37 歲	26 或 29 或 32 或 34 或 37 歲	27 或 30 或 33 或 35 或 38 歲	26 或 29 或 32 或 34 或 37 歲
6	男	25 或 28 或 31 或 33 或 36 歲	23 或 26 或 29 或 34 或 37 歲	25 或 28 或 31 或 33 或 36 歲	26 或 29 或 32 或 34 或 37 歲	24 或 27 或 30 或 34 或 37 歲	27 或 30 或 33 或 34 或 37 歲	26 或 29 或 32 或 34 或 37 歲	27 或 30 或 33 或 34 或 37 歲
	女	25 或 28 或 31 或 33 或 36 歲	24 或 27 或 30 或 32 或 35 歲	25 或 28 或 31 或 33 或 36 歲	27 或 30 或 33 或 35 或 38 歲	23 或 26 或 29 或 33 或 36 歲	26 或 29 或 32 或 34 或 37 歲	27 或 30 或 33 或 35 或 38 歲	26 或 29 或 32 或 34 或 37 歲
7	男	26 或 29 或 32 或 33 或 36 歲	24 或 27 或 30 或 34 或 37 歲	26 或 29 或 32 或 33 或 36 歲	27 或 30 或 33 或 34 或 37 歲	25 或 28 或 31 或 32 或 35 歲	25 或 28 或 31 或 32 或 35 歲	27 或 30 或 33 或 34 或 37 歲	25 或 28 或 31 或 32 或 35 歲
	女	25 或 28 或 31 或 32 或 35 歲	24 或 27 或 30 或 34 或 37 歲	25 或 28 或 31 或 32 或 35 歲	27 或 30 或 33 或 34 或 37 歲	23 或 26 或 29 或 32 或 35 歲	26 或 29 或 32 或 33 或 36 歲	27 或 30 或 33 或 34 或 37 歲	26 或 29 或 32 或 33 或 36 歲
8	男	26 或 29 或 32 或 33 或 36 歲	24 或 27 或 30 或 32 或 35 歲	26 或 29 或 32 或 33 或 36 歲	27 或 30 或 33 或 35 或 38 歲	22 或 25 或 28 或 34 或 37 歲	25 或 28 或 31 或 34 或 37 歲	27 或 30 或 33 或 35 或 38 歲	25 或 28 或 31 或 34 或 37 歲
	女	26 或 29 或 32 或 33 或 36 歲	24 或 27 或 30 或 32 或 35 歲	26 或 29 或 32 或 33 或 36 歲	27 或 30 或 33 或 35 或 38 歲	22 或 25 或 28 或 34 或 37 歲	25 或 28 或 31 或 34 或 37 歲	27 或 30 或 33 或 35 或 38 歲	25 或 28 或 31 或 34 或 37 歲
9	男	25 或 28 或 31 或 33 或 36 歲	24 或 27 或 30 或 34 或 37 歲	25 或 28 或 31 或 33 或 36 歲	27 或 30 或 33 或 34 或 37 歲	23 或 26 或 29 或 32 或 35 歲	26 或 29 或 32 或 35 或 38 歲	27 或 30 或 33 或 34 或 37 歲	26 或 29 或 32 或 35 或 38 歲
	女	26 或 29 或 32 或 33 或 36 歲	24 或 27 或 30 或 34 或 37 歲	24 或 27 或 30 或 33 或 36 歲	27 或 30 或 33 或 34 或 37 歲	22 或 25 或 28 或 32 或 35 歲	25 或 28 或 31 或 32 或 35 歲	27 或 30 或 33 或 34 或 37 歲	25 或 28 或 31 或 32 或 35 歲

◎結婚時機點實例說明

民國一〇六年，楊女士想推算自己什麼時候結婚？

楊女士民國七十七年次戊辰年生，楊女士的結婚時機點是幾歲？

1.楊女士先查詢自己的命盤，並開啓光碟中的「結婚時機點」資料夾。

2.確認自己命宮的位置在「酉」，點開「10演算結婚時機點 命宮酉位」這個檔案。

3.楊女士的生肖爲「龍」，開啓檔案找到生肖爲「龍狗」的分頁。

4.確認自己的出生年尾數爲「7」、命盤中命宮星宿爲天同星。

5.連線到的結婚時機點爲虛歲「22或25或28或34或37歲」。

楊女士目前是30歲，表示已經錯過了28歲的時機點；但是，可等待34歲的開花結果，4年內有機會覓得良人，要把握身邊的對象。

找到你的結婚時機點了嗎？

無論如何，本書推算給各位的試算表，可以作爲人生規劃的參考；結婚時機點就是姻緣靈動星引動，月下老人正在牽連著紅線，若雙方都能在同時的引動點上，姻緣也就在一線牽動之間，綻放著囍訊的火花；這個線條除了帶來姻緣外，也具有藍田種玉、懷孕生子的現象；雙方若能安排就緒或是眞不小心，亦有未婚生子或雙囍臨門的靈動力。若沒有落在這個時間點上，與算愛第二步驟有關；或是其他人爲、後天環境……等因素造成。

巳	午	未	申
辰	**楊女士** 農曆民國 77 年生 生肖屬龍		**命宮** **天同星**
卯			戌
寅	丑	子	亥

出生年尾數/命宮星曜	性別	紫微/貪狼	天機/巨門	太陽/天梁	武曲/七殺	天同/太陰
0		26 或 29 或 32 或 34 或 37 歲	24 或 27 或 30 或 32 或 35 歲	26 或 29 或 32 或 34 或 37 歲	27 或 30 或 33 或 35 或 38 歲	22 或 25 或 28 或 33 或 36 歲
	女	26 或 29 或 32 或 33 或 36 歲	24 或 27 或 30 或 34 或 37 歲	26 或 29 或 32 或 33 或 36 歲	27 或 30 或 33 或 34 或 37 歲	22 或 25 或 28 或 32 或 35 歲
1	男	25 或 28 或 31 或 33 或 36 歲	24 或 27 或 30 或 32 或 35 歲	25 或 28 或 31 或 33 或 36 歲	27 或 30 或 33 或 35 或 38 歲	23 或 26 或 29 或 34 或 37 歲
	女	26 或 29 或 32 或 34 或 37 歲	22 或 25 或 28 或 32 或 35 歲	26 或 29 或 32 或 34 或 37 歲	25 或 28 或 31 或 32 或 35 歲	24 或 27 或 30 或 33 或 36 歲
2	男	26 或 29 或 32 或 33 或 36 歲	24 或 27 或 30 或 32 或 35 歲	26 或 29 或 32 或 33 或 36 歲	27 或 30 或 33 或 35 或 38 歲	22 或 25 或 28 或 34 或 37 歲
	女	26 或 29 或 32 或 34 或 37 歲	22 或 25 或 28 或 32 或 35 歲	26 或 29 或 32 或 34 或 37 歲	25 或 28 或 31 或 32 或 35 歲	24 或 27 或 30 或 33 或 36 歲
3	男	26 或 29 或 32 或 34 或 37 歲	24 或 27 或 30 或 32 或 35 歲	26 或 29 或 32 或 34 或 37 歲	27 或 30 或 33 或 35 或 38 歲	22 或 25 或 28 或 33 或 36 歲
	女	25 或 28 或 31 或 33 或 36 歲	24 或 27 或 30 或 34 或 37 歲	25 或 28 或 31 或 33 或 36 歲	27 或 30 或 33 或 34 或 37 歲	23 或 26 或 29 或 32 或 35 歲
4	男	26 或 29 或 32 或 33 或 36 歲	22 或 25 或 28 或 32 或 35 歲	26 或 29 或 32 或 33 或 36 歲	25 或 28 或 31 或 32 或 35 歲	24 或 27 或 30 或 34 或 37 歲
	女	26 或 29 或 32 或 33 或 36 歲	22 或 25 或 28 或 32 或 35 歲	26 或 29 或 32 或 33 或 36 歲	25 或 28 或 31 或 32 或 35 歲	24 或 27 或 30 或 34 或 37 歲
5	男	26 或 29 或 32 或 33 或 36 歲	24 或 27 或 30 或 34 或 37 歲	26 或 29 或 32 或 33 或 36 歲	27 或 30 或 33 或 34 或 37 歲	22 或 25 或 28 或 32 或 35 歲
	女	26 或 29 或 32 或 34 或 37 歲	24 或 27 或 30 或 32 或 35 歲	26 或 29 或 32 或 34 或 37 歲	27 或 30 或 33 或 35 或 38 歲	22 或 25 或 28 或 33 或 36 歲
6	男	26 或 29 或 32 或 34 或 37 歲	22 或 25 或 28 或 32 或 35 歲	26 或 29 或 32 或 34 或 37 歲	25 或 28 或 31 或 32 或 35 歲	24 或 27 或 30 或 33 或 36 歲
	女	25 或 28 或 31 或 33 或 36 歲	24 或 27 或 30 或 32 或 35 歲	25 或 28 或 31 或 33 或 36 歲	27 或 30 或 33 或 35 或 38 歲	23 或 26 或 29 或 34 或 37 歲
7	男	26 或 29 或 32 或 34 或 37 歲	22 或 25 或 28 或 32 或 35 歲	26 或 29 或 32 或 34 或 37 歲	25 或 28 或 31 或 32 或 35 歲	24 或 27 或 30 或 33 或 36 歲
	女	26 或 29 或 32 或 33 或 36 歲	24 或 27 或 30 或 32 或 35 歲	26 或 29 或 32 或 33 或 36 歲	27 或 30 或 33 或 35 或 38 歲	22 或 25 或 28 或 34 或 37 歲
8	男	25 或 28 或 31 或 33 或 36 歲	24 或 27 或 30 或 34 或 37 歲	25 或 28 或 31 或 33 或 36 歲	27 或 30 或 33 或 34 或 37 歲	23 或 26 或 29 或 32 或 35 歲
	女	26 或 29 或 32 或 34 或 37 歲	24 或 27 或 30 或 32 或 35 歲	26 或 29 或 32 或 34 或 37 歲	27 或 30 或 33 或 35 或 38 歲	22 或 25 或 28 或 33 或 36 歲
9	男	26 或 29 或 32 或 33 或 36 歲	22 或 25 或 28 或 32 或 35 歲	26 或 29 或 32 或 33 或 36 歲	25 或 28 或 31 或 32 或 35 歲	24 或 27 或 30 或 34 或 37 歲
	女	26 或 29 或 32 或 33 或 36 歲	22 或 25 或 28 或 32 或 35 歲	26 或 29 或 32 或 33 或 36 歲	25 或 28 或 31 或 32 或 35 歲	24 或 27 或 30 或 34 或 37 歲

4-3 姻緣危機點：經營幸福風險管理

姻緣危機點——幸福是憑空得來的嗎？當然不是的，幸福是經過酸甜苦辣精釀而成的；你必須學習拿捏姻緣的危機點，掌握何時會爆出戰火？何時姻緣殺手會出現？出奇制勝、戰無不克，勝於未戰之時，不戰而屈人之兵；握住幸福緊緊不流失。

任何一場危機的產生都是轉機；轉得妙就是幸福，轉不順就是遺憾；能夠巧妙掌握時機，並且在每一次危機中展現智慧，那麼幸福將永垂不朽。常常有人問起：「老師，我會不會離婚？」或「我們會不會分手？」癥結點不在於會不會，而在於要不要？感情無須懸在空中繩索，處於恐懼深淵裡，當你學會掌握危機點時，離不離、分不分？不是重點；而是由你決定要與不要？發球權永遠掌握在你手上！

姻緣危機點靈動的產生，代表時運落入了「情感破裂」及「家宅不寧」的線條上；意指紫微斗數中化忌星入夫妻宮或子田線，引發了情感破裂或家宅不寧；在這不利感情的時機點，能夠將深愛彼此的二個人撕裂，危機中所發生的所有事跡，不在事件本身，只爲破壞這令人稱羨的戀情或婚姻；身陷其中，我們該如何自知？甚至自理？跳脫困境？人生何處不是危機，危機並不可怕，怕的是沒有方法，擁有智慧就能將危機突破爲轉機，轉危爲安；先天不足、時運不濟時，必須運用後天環境的營造，來突破命運的束縛；相關方法請參考本書第五章。

姻緣危機點是姻緣破壞靈動的啓發，雙方在同時的引動點上，姻緣破壞力也就開始牽動，各式各樣的悲劇漸漸演出，細微間各種互動中產生厭惡，接著不利情感的事端一一漫延，病災意外、爭執糾紛、第三者、外遇、經濟問題、生離死別…徵象乍現只爲破壞感情；面對紛爭禍端，如何能夠不受現象影響，但憑個人修持與智慧；希望本書能夠爲大家打開心境跨越虛實之間，過程並不容易，掙脫自我矛盾的鴻溝，尚需借重外力突破；先天、時運皆不足，只願後天補強來戰勝困境，實現人生圓滿的眞締。

單身者要注意危機年迎來的桃花可能不是最適合你的對象；若已交往或結婚，要注意感情容易有紛爭，必須好好溝通。

◎六步驟找到你的姻緣危機點：虛歲幾歲時會產生姻緣破壞靈動？

1. 表列出你的命盤，並開啓光碟中的「姻緣危機點」資料夾。
2. 找出自己命宮的位置（子、丑、寅、卯……），點開對應的PDF。
3. 找到你的生肖（鼠、牛、虎、兔、龍、蛇……）的分頁。
4. 確認自己的民國出生年尾數。
5. 找到你命宮的星宿即可連線到你姻緣危機點。
6. 演算出你姻緣危機點的虛歲年齡。

◎姻緣危機點實例說明：

民國一〇六年，楊女士想推算自己什麼時候會遇到姻緣危機點？

楊女士民國七十七年次戊辰年生，楊女士的姻緣危機點是幾歲？

1. 楊女士先查詢自己的命盤，並開啓光碟中的「姻緣危機點」資料夾。
2. 確認自己命宮的位置在「酉」，點開「10 演算姻緣危機點 命宮酉位」這個檔案。

<table>
<tr><td>巳</td><td>午</td><td>未</td><td>申</td></tr>
<tr><td>辰</td><td colspan="2" rowspan="2">楊女士
農曆民國77年生
生肖屬龍</td><td>命宮
天同星</td></tr>
<tr><td>卯</td><td>戌</td></tr>
<tr><td>寅</td><td>丑</td><td>子</td><td>亥</td></tr>
</table>

出生年尾數/命宮星宿	性別	紫微/貪狼	天機/巨門	太陽/天梁	武曲/七殺	天同/太陰
0	男	31或41或50歲	25或35或50歲	28或38或47歲	27或39或52歲	26或34或45歲
	女	33或39或52歲	28或34或53歲	30或36或49歲	31或37或52歲	32或38或51歲
1	男	28或44或50歲	29或35或49歲	31或37或47歲	32或38或52歲	33或39或51歲
	女	27或42或55歲	26或37或48歲	24或33或46歲	29或40或51歲	28或35或50歲
2	男	31或37或51歲	32或38或50歲	28或34或48歲	29或41或53歲	30或36或46歲
	女	32或41或55歲	25或36或48歲	29或38或46歲	27或39或51歲	27或34或50歲
3	男	31或42或51歲	24或37或50歲	28或33或48歲	27或40或53歲	26或35或46歲
	女	33或39或55歲	28或34或48歲	30或36或52歲	31或37或53歲	32或38或48歲
4	男	26或34或51歲	25或35或52歲	29或37或48歲	28或38或55歲	27或33或50歲
	女	27或37或55歲	26或38或50歲	24或34或52歲	27或37或55歲	28或36或48歲
5	男	33或39或52歲	28或34或53歲	30或36或49歲	31或37或52歲	32或38或51歲
	女	31或41或50歲	25或35或50歲	28或38或47歲	27或39或52歲	26或34或45歲
6	男	27或42或55歲	26或37或48歲	24或33或46歲	29或40或51歲	28或35或50歲
	女	28或44或50歲	29或35或49歲	31或37或47歲	32或38或52歲	33或39或51歲
7	男	32或41或55歲	25或36或48歲	29或38或46歲	27或39或51歲	27或34或50歲
	女	31或37或51歲	32或38或50歲	28或34或48歲	29或41或53歲	30或36或46歲
8	男	33或39或55歲	28或34或48歲	30或36或52歲	31或37或53歲	32或38或48歲
	女	31或42或51歲	24或37或50歲	28或33或48歲	27或40或53歲	26或35或46歲
9	男	27或37或55歲	26或38或50歲	24或34或52歲	27或37或55歲	28或36或48歲
	女	26或34或51歲	25或35或52歲	29或37或48歲	28或38或55歲	27或33或50歲

3. 楊女士的生肖爲「龍」，開啓檔案找到生肖爲「龍狗」的分頁。

4. 確認自己的出生年尾數爲「7」、命盤中命宮星宿爲天同星。

5. 連線到的姻緣危機點爲虛歲「30或36或46」。

楊女士目前是30歲，正處於30歲的姻緣危機點，要注意今年的戀情。

找到你的姻緣危機點了嗎？

無論如何，本書推算給各位的試算表，可以作爲人生規劃的參考；姻緣危機點就是姻緣破壞靈動星引動，若雙方都在這同時的引動點上，姻緣也就在危在一線間，引爆破壞姻緣的炸彈；這個線條除了破壞姻緣外，也具有家宅不寧、破財傷神的現象。若沒有落在這個時間點上，卻仍發生緊急狀況，則與算愛第二步驟有關；或是其他人爲、後天環境……等因素造成。如何因應難關？克服情關？請看本書第五章。

4-4　你五年內的愛情運勢

本書提供西元2017至2021年感情風險事件、愛情運勢預測，提供予你先知先覺，謀定而後動，經營管理你的感情生活，圓滿如意你的姻緣婚姻。

運用出生年的尾數即可以運算出情關事件趨向，依循古法一律以中華農民曆（農曆或舊曆）來計算：

・國外朋友以西元年計算：出生年舊曆的西元年-1911=值求出其尾數，即爲紫微靈動數。例如：舊曆於西元1971年出生的朋友，1971-1911=60，其尾數即爲紫微靈動數「0」。

・台灣朋友以民國年計算：出生年舊曆的民國年尾數，即爲紫微靈動數。例如：舊曆於民國60年出生的朋友，其60的尾數即爲紫微靈動數「0」。

◎西元2017年紫微靈動數愛情運勢

・紫微靈動數爲「0」者：

如舊曆西元1961、1971、1981、1991年；或民國50、60、70、80……年次；以此類推。

紫微靈動數「0」者，在2017年中，平常的甜言蜜語總是窩心，在今年卻會惹來是非，一不小心還會官司纏身；看來還是多做事少說話的好。

・紫微靈動數爲「1」者：

如舊曆西元1962、1972、1982、1992年；或民

紫微靈動數2017愛情運勢

出生年舊曆的西元出生年-1911求出靈動數

ex. 出生年舊曆1971年-1911=60 紫微靈動數為《0》

出生年尾數	2017愛情重點運勢	出生年尾數	2017愛情重點運勢
0	甜言蜜語成是非 小心惹上了官司	5	琴棋書畫添情意 是非纏身惹官司
1	八股情話很受用 注意口舌惹破財	6	不可救藥的浪漫 勿任由陰鬱情緒
2	不按牌理的浪漫 爛桃花惹出八卦	7	迷戀另類的愛情 失理智鑽牛角尖
3	內斂情感神交流 太熱情弄巧成拙	8	感情與經濟並重 感情後遺症官司
4	理智面對感情事 切記勿感情用事	9	低調處理感情事 分手離異恐難免

國51、61、71、81……年次；以此類推。

紫微靈動數「1」者，在2017年中，復古風談老戀愛挺時興，循古法傳統創造浪漫可加溫；今年容易因爲說錯話，不小心就得破財了事囉。

・紫微靈動數爲「2」者：

如舊曆西元1963、1973、1983、1993年；或民國52、62、72、82……年次；以此類推。

紫微靈動數「2」者，在2017年中，老方法行不通，得不按牌理出牌，感情反而會有意想不到的驚喜；爛桃花不可惹，導致是非八卦頻傳，還會被告的喔。

・紫微靈動數爲「3」者：

如舊曆西元1964、1974、1984、1994年；或民國53、63、73、83……年次；以此類推。

紫微靈動數「3」者，在2017年中，內斂的感情終於能讓對方感受到，還會蹦出火花加溫愛情；太過熱情的表達，恐怕會弄巧成拙、徒勞無功。

・紫微靈動數爲「4」者：

如舊曆西元1965、1975、1985、1995年；或民國54、64、74、84……年次；以此類推。

紫微靈動數「4」者，在2017年中，必須理智得面對你的感情，問題可以迎刃而解；如若太過情緒化，恐怕會造成無法挽回的遺憾。

・紫微靈動數爲「5」者：

如舊曆西元1966、1976、1986、1996年；或民國55、65、75、85……年次；以此類推。

紫微靈動數「5」者，在2017年中，福星文藝星當道，琴棋書畫能夠增添戀情深度；小心行事遠離複雜的環境，以免惹禍上身、官司不斷。

・紫微靈動數爲「6」者：

如舊曆西元1967、1977、1987、1997年；或民國56、66、76、86……年次；以此類推。

紫微靈動數「6」者，在2017年中，浪漫情懷總是詩，無可救藥的樂天與不切實際，在童話幻想中談情說愛；陰鬱情緒難免，切勿任其破壞感情。

・紫微靈動數爲「7」者：

如舊曆西元1968、1978、1988、1998年；或民國57、67、77、87……年次；以此類推。

紫微靈動數「7」者，在2017年中，另類的愛情，前所未有的感受，令人迷戀神往不已；過程中容易失去理智，遇到困難容易鑽牛角尖，如此可是無濟於事的喔。

・紫微靈動數爲「8」者：

如舊曆西元1969、1979、1989、1999年；或民國58、68、78、88……年次；以此類推。

紫微靈動數「8」者，在2017年中，能夠很務實的感情與物質並重，很實際的愛著，不至於損失；注意感情會留下後遺症，務必小心經營。

・紫微靈動數爲「9」者：

如舊曆西元1970、1980、1990、2000年；或民國59、69、79、89……年次；以此類推。

紫微靈動數「9」者，在2017年中，是最糟的愛情運，昏暗不明令情感痛苦萬分；建議低調面對、耐心相守，否則分手或是離婚在所難免。

◎西元2018年 紫微靈動數愛情運勢

・紫微靈動數爲「0」者：

如舊曆西元1961、1971、1981、1991年；或民國50、60、70、80……年次；以此類推。

紫微靈動數「0」者，在2018年中，發揮天生的好口才，甜言蜜語終能獲得芳心，得到夢寐以求的好桃花、感情順心；今年車關頻率特別高，千萬不可以飆車，多注意出外安全，以避免意外的發生，平安就是福。

・紫微靈動數爲「1」者：

如舊曆西元1962、1972、1982、1992年；或民國51、61、71、81……年次；以此類推。

紫微靈動數「1」者，在2018年中，遲遲沒有姻緣，卻能從相親中遇見速配的對象，或是現有感情，能有長輩或貴人出面加溫或調停；今年情字路上別如平日般過度節儉，小心因爲吝嗇小氣而錯失良緣，豈不可惜。

・紫微靈動數爲「2」者：

如舊曆西元1963、1973、1983、1993年；或民國52、62、72、82……年次；以此類推。

紫微靈動數「2」者，在2018年中，戀情打

紫微靈動數2018愛情運勢

出生年舊曆的西元出生年-1911求出靈動數

ex. 出生年舊曆1971年-1911=60 紫微靈動數為《0》

出生年尾數	2018愛情重點運勢	出生年尾數	2018愛情重點運勢
0	甜言蜜語好桃花 注意車關勿飆車	5	被動感情有樂趣 職場桃花惹非議
1	傳統戀情相親好 吝嗇小氣反破財	6	詩情畫意真浪漫 感情憾事要避免
2	熾熱桃花真銷魂 桃花良莠難辨別	7	春風得意桃花旺 防車關意外災劫
3	齊人之福樂開懷 樂極生悲防意外	8	貪財貪色兩得意 感情後遺症困擾
4	急中生智渡情關 感情糾結防憂鬱	9	感情運陽光普照 太懶散恐怕失戀

得炙熱，令人如癡如醉，銷魂的感情超級忘我，浸泡在愛的染缸裡；桃花選擇多來得快，條件良莠不齊，卻又一時難辨，忘我境界中，千萬小心所託非人，慎選對象爲宜。

・紫微靈動數爲「3」者：

如舊曆西元1964、1974、1984、1994年；或民國53、63、73、83……年次；以此類推。

紫微靈動數「3」者，在2018年中，感情無論是內銷，還是外銷，各式各樣的感情模式，都能蹦出強烈的火花；感情境界八面玲瓏時，千萬不要樂極生悲，特別注意病災或意外，頭疾、中風或四肢傷殘…等災劫，多注意養生與安全。

・紫微靈動數爲「4」者：

如舊曆西元1965、1975、1985、1995年；或民國54、64、74、84……年次；以此類推。

紫微靈動數「4」者，在2018年中，感情事將面臨關關卡卡，關關難過關關過，但求智慧面對，圓融處置；千萬不可鑽牛角尖、糾結情感，恐怕憂鬱上身；請耐住性子，理智度過情關，雜念太多不如用心經營。

・紫微靈動數爲「5」者：

如舊曆西元1966、1976、1986、1996年；或民國55、65、75、85……年次；以此類推。

紫微靈動數「5」者，在2018年中，感情事無需太過躁進，順其自然、隨順因緣，反而能得到意想不到的收穫；職場的戀情或是猛吃身邊的窩邊草，恐怕會適得其反，惹禍上身，賠了夫人又折兵。

・紫微靈動數爲「6」者：

如舊曆西元1967、1977、1987、1997年；或民國56、66、76、86……年次；以此類推。

紫微靈動數「6」者，在2018年中，不改浪漫本色，詩情畫意的戀情令人樂不思蜀，心靈交流也能相通；負面情緒總是產生困擾，如何平靜內心、勇敢面對非常重要！否則小心造成感情憾事，而抱憾終生。

・紫微靈動數爲「7」者：

如舊曆西元1968、1978、1988、1998年；或民國57、67、77、87……年次；以此類推。

紫微靈動數「7」者，在2018年中，今年愛情運勢超級興旺，恐怕令人難以招架，準備好你開放的心去迎接春風得意的年；同時病災意外的機率也特別高，請千萬注意身體的健康，尤其是肝膽腸胃科，出外安全也必須謹慎防範。

・紫微靈動數爲「8」者：

如舊曆西元1969、1979、1989、1999年；或民國58、68、78、88……年次；以此類推。

紫微靈動數「8」者，在2018年中，愛江山也愛美人，財色兼備兩相宜，游刃有餘，貪財也貪色；今年特別注意感情後遺症造成了許多的困擾，也許是前債、也許是後情，當盡量單純化，避免自我困擾，傷透腦筋。

・紫微靈動數爲「9」者：

如舊曆西元1970、1980、1990、2000年；或民國59、69、79、89……年次；以此類推。

紫微靈動數「9」者，在2018年中，今年的愛情運，終於可以浮上檯面，陽光普照，一掃感情產生的陰霾，樂觀勇敢地面對戀情姻緣；千萬不可以太過懶散消極，應該主動積極處理情事，否則恐怕會錯失良緣，而遺憾終生。

◎西元2019年 紫微靈動數愛情運勢

・紫微靈動數爲「0」者：

如舊曆西元1961、1971、1981、1991年；或民國50、60、70、80……年次；以此類推。

紫微靈動數「0」者，在2019年中，口才要得好，進財事業兩得意，平時的好口條，終於在今年獲得實際效益；今年文書過失特別多，除了簽訂合約要謹慎，各式證書因應個人運勢產生，如結婚證書、離婚證書、出生證明、死亡證書……等等。

・紫微靈動數爲「1」者：

如舊曆西元1962、1972、1982、1992年；或民國51、61、71、81……年次；以此類推。

紫微靈動數「1」者，在2019年中，靠專業技能取財的你，今年更須好好發揮你的長才，才華能夠得到實質的回饋，感情事暫時淡泊待之；今年雖然能夠進財有道，卻也破財傷神，財進財出眞是傷腦筋，請謹慎理財，感情先放一邊。

・紫微靈動數爲「2」者：

如舊曆西元1963、1973、1983、1993年；或民

紫微靈動數2019愛情運勢

出生年舊曆的西元出生年-1911求出靈動數

ex. 出生年舊曆1971年-1911=60 紫微靈動數為《0》

出生年尾數	2019愛情重點運勢	出生年尾數	2019愛情重點運勢
0	動口生財旺桃花 分手離婚恐成局	5	工作享樂可平衡 謹防桃花惹官司
1	專業求財情淡泊 財進財出傷腦筋	6	難得浪漫無財慮 口舌是非後遺症
2	金錢桃花難維繫 桃花後遺症困擾	7	貪財貪色兩得意 防車關意外災劫
3	求財求官兩得意 桃花情事難曝光	8	專心理財好富貴 感情事糾纏不清
4	現實與情感融合 實際面對情事宜	9	務實求財求官運 感情事煩惱不斷

國52、62、72、82……年次；以此類推。

紫微靈動數「2」者，在2019年中，愛情與金錢勾搭上了，財字前頭無眞情，無法細水長流、眞心相待，難以維繫；桃花處置要謹防，不小心就留下後遺症，糾纏不清、遺腹子、仙人跳、劫財騙色……等等，千萬注意，小心駛得萬年船。

・紫微靈動數爲「3」者：

如舊曆西元1964、1974、1984、1994年；或民國53、63、73、83……年次；以此類推。

紫微靈動數「3」者，在2019年中，事業財運兩得意，把握良機圖謀發展，感情事件隨侍在旁，時刻一觸即發，請酌情處置；感情狀態稍微複雜，導致無法曝光，上不了檯面，若無法將感情單純化，恐將自找痲煩與困擾。

・紫微靈動數爲「4」者：

如舊曆西元1965、1975、1985、1995年；或民國54、64、74、84……年次；以此類推。

紫微靈動數「4」者，在2019年中，智慧的你經營有道，今年的感情與經濟兩得意，愛情與麵包兼得，不亦樂乎；遇到困難與情關時，千萬冷靜面對，妥善處理爲妙；事緩則圓，勿逞一時之勇，造成感情更加複雜了。

・紫微靈動數爲「5」者：

如舊曆西元1966、1976、1986、1996年；或民國55、65、75、85……年次；以此類推。

紫微靈動數「5」者，在2019年中，今年工作與休閒可以並重，精神與物質得到平衡，感情也能穩定發展；千萬別惹上不該有的情事，處理不當恐怕惹禍上身，還牽連官司糾紛。

・紫微靈動數爲「6」者：

如舊曆西元1967、1977、1987、1997年；或民國56、66、76、86……年次；以此類推。

紫微靈動數「6」者，在2019年中，無可救藥的浪漫本色，難得能夠同時求財有道，不必為了搞浪漫破費而擔憂；今年多做事少說話，恐怕話多無益還惹是非，惹了是非還得花費許多時間，才能搞定。

・紫微靈動數為「7」者：

如舊曆西元1968、1978、1988、1998年；或民國57、67、77、87……年次；以此類推。

紫微靈動數「7」者，在2019年中，愛江山也愛美人，財色兼備兩相宜，游刃有餘，貪財也貪色，幸福無敵；今年特別注意意外災禍，車關車禍、飛來橫禍、意外血光，不宜遠行，行程安排盡量配合在平安的流月流日，做好風險管理。

・紫微靈動數為「8」者：

如舊曆西元1969、1979、1989、1999年；或民國58、68、78、88……年次；以此類推。

紫微靈動數「8」者，在2019年中，今年適合專心做好理財規劃，能夠錢滾錢、錢生錢，財源廣進，沒有把握好這個時機，是非常可惜的；感情後遺症特別複雜，藕斷絲連、糾纏不清、遺腹子、仙人跳、劫財騙色…等等，請小心處理。

・紫微靈動數為「9」者：

如舊曆西元1970、1980、1990、2000年；或民國59、69、79、89……年次；以此類推。

紫微靈動數「9」者，在2019年中，今年把心思放在工作與求財上吧，事業與財運都能有所發展，收穫滿滿；感情不如意十之八九，事事介懷恐怕困擾重重，暫時放下。將眼界放得更寬更遠，好好充實自己！

◎西元2020年 紫微靈動數 愛情運勢

・紫微靈動數爲「0」者：

如舊曆西元1961、1971、1981、1991年；或民國50、60、70、80……年次；以此類推。

紫微靈動數「0」者，在2020年中，今年事業財運兩得意，將精神放在追求前途發展，更能顯示個人能力的展現與無限的魅力，因而產生致命的吸引力；由於仕途發展順利，所以沒有心思經營浪漫，只好賺得麵包來餵養愛情了。

・紫微靈動數爲「1」者：

如舊曆西元1962、1972、1982、1992年；或民國51、61、71、81……年次；以此類推。

紫微靈動數「1」者，在2020年中，今年是專業領軍的好年，生活各方面趨於穩定發展，感情也能在平穩中加溫，可謂麵包與愛情溫馨配；千萬不可怠惰貪圖享樂，否則難逃破財傷腦筋的命運。

・紫微靈動數爲「2」者：

如舊曆西元1963、1973、1983、1993年；或民國52、62、72、82……年次；以此類推。

紫微靈動數2020愛情運勢

出生年舊曆的西元出生年-1911求出靈動數

ex. 出生年舊曆1971年-1911=60 紫微靈動數為《0》

出生年尾數	2020愛情重點運勢	出生年尾數	2020愛情重點運勢
0	動口生財財官美 感情現實不浪漫	5	有福難享保守佳 職場桃花難周全
1	專業領軍情穩定 貪圖享受恐破失	6	事業感情皆圓滿 相忍為家齊努力
2	事業可攻恐難守 奢華淫逸惹事端	7	勿貪勿嗔事如意 多想無益勤做工
3	事業發展有進退 感情空洞難發展	8	事業理財兩相宜 切勿放縱爛桃花
4	專心思索圖事業 鏡花水月總是空	9	陽光普照皆吉祥 掌握時機不懈怠

紫微靈動數「2」者，在2020年中，穩定的事業中必須突破創新，能夠勞而有成，卻也難以守成，故而當需於有成果後必須保守，不可再冒進；焦頭爛額之下，感情桃花還是小心處置吧，太過度的奢華淫逸，恐怕惹禍上身，得不償失。

・紫微靈動數爲「3」者：

如舊曆西元1964、1974、1984、1994年；或民國53、63、73、83……年次；以此類推。

紫微靈動數「3」者，在2020年中，各方面的發展似好不是好、似壞不是壞，能夠發展卻也麻煩不斷，所有的事情千頭萬緒，剪不斷理還亂；想積極進取，卻困難重重；想放空偷懶，又由不得你閒；只好耐住性子度過今年。

・紫微靈動數爲「4」者：

如舊曆西元1965、1975、1985、1995年；或民國54、64、74、84……年次；以此類推。

紫微靈動數「4」者，在2020年中，聰明的腦袋在今年好好思索，如何經營好感情與事業？如果感情並非眞心實意的愛情，心思先著重在工作上，踏實自己的生活；因爲不眞實的感情只是鏡花水月，小心賠了夫人又折兵，徒勞無功。

・紫微靈動數爲「5」者：

如舊曆西元1966、1976、1986、1996年；或民國55、65、75、85……年次；以此類推。

紫微靈動數「5」者，在2020年中，向來福星高照的你，今年恐怕福不全美，難以享福了；還是踏實面對人生，經營好生活中的所有細節，千萬不可耍廢犯懶；職場上遇到的桃花，沒有加分，只有王寶釧苦守寒窯。

・紫微靈動數爲「6」者：

如舊曆西元1967、1977、1987、1997年；或民國56、66、76、86……年次；以此類推。

紫微靈動數「6」者，在2020年中，王子與公主終於過著幸福快樂的日子，今年事業財富與感情生活都能得到安頓，不再虛浮矛盾，身心穩定；難免的口舌是非、生活瑣事，爲了彼此或是爲了家庭，一切相忍爲愛爲家，齊心努力。

・紫微靈動數爲「7」者：

如舊曆西元1968、1978、1988、1998年；或民國57、67、77、87……年次；以此類推。

紫微靈動數「7」者，在2020年中，貪得其所、嗔得如意，理想與實際終於可以融合，將慾望化爲動力，在人和的狀態下追求成長、落實經濟與愛情；所以別再只是空思念想，踏實努力經營生活，勤做工會有好成果的。

・紫微靈動數爲「8」者：

如舊曆西元1969、1979、1989、1999年；或民國58、68、78、88……年次；以此類推。

紫微靈動數「8」者，在2020年中，今年仍舊是正財興旺的一年，錢滾錢年年有，眞是好兆頭，當然要把握好這個時機囉；感情後遺症還在持續，若能平和解決，還是好好善待彼此，找出一個雙贏的方式，繼續人生。

・紫微靈動數爲「9」者：

如舊曆西元1970、1980、1990、2000年；或民國59、69、79、89……年次；以此類推。

紫微靈動數「9」者，在2020年中，陽光普照的一年，人生大小事都光耀照人，帶著微笑面對一切，一切也能夠帶給你美好。今年雖福分受損，也代表著必須好好用心用力經營，不可懈怠！同時也必須注意身體健康，健康才有一切！

◎西元2021年 紫微靈動數愛情運勢

・紫微靈動數爲「0」者：

如舊曆西元1961、1971、1981、1991年；或民國50、60、70、80……年次；以此類推。

紫微靈動數「0」者，在2021年中，口若懸河、口沫橫飛，今年舉凡動動口說好話，財源自然源源不絕，情話更不在話下，怎麼說怎麼令人愛不釋手，眞是愛情事業兩得意；今年文書過失特別多，除了簽訂合約要謹慎，各式證書因應個人運勢產生，如結婚證書、離婚證書、出生證明、死亡證書……等等。

・紫微靈動數爲「1」者：

如舊曆西元1962、1972、1982、1992年；或民國51、61、71、81……年次；以此類推。

紫微靈動數「1」者，在2021年中，個性拘謹的你總是愛在心裡口難開，今年要愛說出口心花開，感情才能穩定發展，不至於幸福流失在封閉中；要謹慎理財，千萬不要隨便刷卡簽單、提防詐騙文書，更要注意網路駭客，以免破財傷心。

紫微靈動數2021愛情運勢

出生年舊曆的西元出生年-1911求出靈動數

ex. 出生年舊曆1971年-1911=60 紫微靈動數為《0》

出生年尾數	2020愛情重點運勢	出生年尾數	2020愛情重點運勢
0	超級口舌王完勝 文書過失難圓滿	5	吟詩作對好情意 職場鬥爭困境多
1	愛在心裡說出口 亂簽單人財兩失	6	口才施展兩刃劍 注意車關凶險多
2	苦口婆心求突破 貪心不足蛇吞象	7	油嘴滑舌好吃香 仍是車關要注意
3	高段手腕贏愛情 注意男性親人災	8	說得一口好財氣 感情糾葛紛亂多
4	口沫橫飛展絕技 注意女性親人災	9	遊說能力事業展 簽約合同要謹慎

・紫微靈動數為「2」者：

如舊曆西元1963、1973、1983、1993年；或民國52、62、72、82……年次；以此類推。

紫微靈動數「2」者，在2021年中，陳舊的人事物總是無法突破框架，迎合新思維新主張，多運用口才解析分辨勸說，終能苦口婆心得到更上層樓的進步，是事業也是感情；天地萬物皆有主，適可而止，千萬不可過度貪心私慾，造成貪心不足蛇吞象的窘境。

・紫微靈動數為「3」者：

如舊曆西元1964、1974、1984、1994年；或民國53、63、73、83……年次；以此類推。

紫微靈動數「3」者，在2021年中，理智思考籌謀規劃，運用智慧最高段的手腕，處理各方面的事務，包括感情，必可輕鬆抱得美人（帥哥）歸；想積極進取，卻困難重重；今年不利男性親人，所以要多注意父親、兄弟、男生自己及兒子的病災。

・紫微靈動數為「4」者：

如舊曆西元1965、1975、1985、1995年；或民國54、64、74、84……年次；以此類推。

紫微靈動數「4」者，在2021年中，我思故我在，總能想得一顆好頭腦，智慧之王，今年可得配合好口才，才能真正得到芳心如意；今年不利女性親人，所以要多注意母親、姊妹、女生自己及女兒的病災。

・紫微靈動數為「5」者：

如舊曆西元1966、1976、1986、1996年；或民國55、65、75、85……年次；以此類推。

紫微靈動數「5」者，在2021年中，才華洋溢、琴棋書畫，雅興十足，吟詩作對好不愜意，情話綿綿，閃瞎了所有人；可惜事業困頓，憂心者恐怕事難兩全，歡心者暫且冷靜思索，想辦法面對處理，或是靜待時運變動轉換。

・紫微靈動數爲「6」者：

如舊曆西元1967、1977、1987、1997年；或民國56、66、76、86……年次；以此類推。

紫微靈動數「6」者，在2021年中，多說好話通常能夠事半功倍，但是今年所說的話卻猶如兩刃劍，氣順則事業財富與感情都加分，氣不順則禍從口出難收拾；千萬注意車關災險多，凡是以安全爲上，切莫意氣用事或心浮氣躁而誤事。

・紫微靈動數爲「7」者：

如舊曆西元1968、1978、1988、1998年；或民國57、67、77、87……年次；以此類推。

紫微靈動數「7」者，在2021年中，油嘴滑舌好吃香，動動嘴皮子耍耍好口才，意想不到的好事時刻發生，自然吃香又喝辣；也千萬要注意車關災險多，凡是以安全爲上，切莫意氣用事或心浮氣躁而誤事。

・紫微靈動數爲「8」者：

如舊曆西元1969、1979、1989、1999年；或民國58、68、78、88……年次；以此類推。

紫微靈動數「8」者，在2021年中，動口生財，說得一口好財氣，財源就這樣由口而出，眞是人逢喜事精神爽；可惜今年感情糾葛特別多，也特別難以解決，只好平心靜氣，先保持不再惡化的形勢處置，等待適當時機再圓滿解決。

・紫微靈動數爲「9」者：

如舊曆西元1970、1980、1990、2000年；或民國59、69、79、89……年次；以此類推。

紫微靈動數「9」者，在2021年中，遊說能力能夠促成許多好事，事業愛情都在口沫橫飛中喜事連連。簽約合同要謹慎，注意陷阱紛爭多，多借重法律專業來評估，借力使力避免橫生枝節，以確保平安度過此年。

紫微靈動數推算出的愛情運勢，參照紫微靈動數可看出事端的推測；詳細驗證當仍須依照每個人個人命盤的運勢狀態，當可以了解更詳細的內容！

4-5 算愛命盤實例解析

「問世間情爲何物？直叫人生死相許。」世間男女對於情字這條路，是活路？十字路？岔路？還是死路一條？個人際遇不同、感受不同，卻同樣愛恨交織、五味雜陳。綜觀以上各種對象，如何擇偶？如何婚配？你可以憑斷自己的意識，也可以參考親朋好友的意見；但是你還有更好的方式可以供你判斷參酌，這個方式來自於千年歷史老祖宗的智慧，在古時代專屬於皇親國戚獨有帝王術，皇帝得以運用在選擇皇后、嬪妃，由於事關帝業的興旺榮辱及傳承萬世，豈可由得自己的性子來擇偶；必須選擇賢良淑德、善理後宮，對皇帝成家立業有助力者爲皇后；可以選擇情投意合、繁衍子嗣，對皇帝有助無害者爲嬪妃；同樣也用於任用國家重臣將軍；如此才能興盛國運、基業永存。這千年的智慧就是「紫微斗數因子學」！如今的各位都是皇帝，都是自己的主宰，我們得幸可以運用帝王術，讓自己勝於未「婚（昏）」之時，永續經營圓滿的人生；再者，基於倫理道德及優生學考量，法律之下規範著一夫一妻制，如何正確選擇？相形更加重要了，必須一次搞定，成就彼此的人生！

青年學子凡問到與有意對象是否合適時，老師會運用「紫微斗數因子學」雙盤合參給予三個積分來分析，三個積分總和取得平均值，數據化以方便作爲擇偶參考，分數60分者爲合格，不好不壞，平凡夫妻；分數70分以上者，堪稱佳偶天成，百年修得同船渡；分數50分以下者，就是怨偶，相欠債來償還；三個積分以何爲憑？三個關乎二人未來一生是否幸福的關鍵點：物質、精神、肉體，三者缺一不可；愛情與麵包無法同時擁有時，也只能感嘆苦情人生；精神與肉體不符時，也只能同床異夢，靈肉分離；有了麵包與肉體，也是空虛寂寥；三個積分能夠融合，方爲佳偶天成，只羨鴛鴦不羨仙，但是若要貪求三個積分都達到90分以上，也是強人所難，能得之當惜之；若只能70分以上，皆當用心經營，從箇中體悟人生。畢竟感情是人生非常重要的課題，必須體現學習！無論分數如何，分析報告予你時，一切選擇還是在你手上；了解自己眞正的需要，選擇你所愛、愛你所選擇，實踐人生的意義。

「修身、齊家、治國、平天下」；學習當由

配對幸福指數分析表格

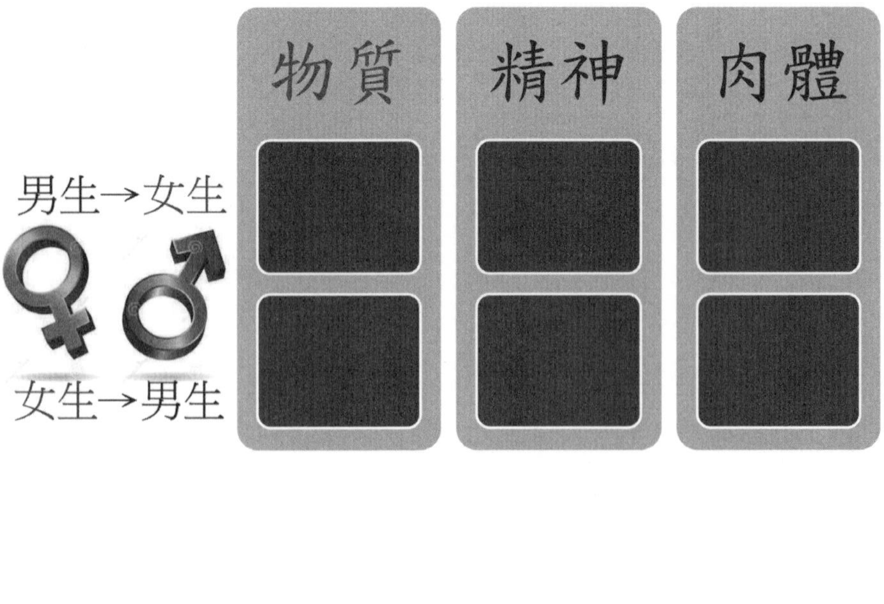

修身開始，修身後才能懂得齊家，家和必定是萬事興，每個家庭和樂，社會自然穩定發展，國家焉能不強？作者期許本書能夠成就每個個人、家庭，進而報效國家、回饋社會，不枉人生難得，當利益眾生、傳承善業。

以下幾組案例，分析二人之間的姻緣合和，是善緣？還是惡果？是天作之合？還是冤親債主？皆在二人命盤組合中一覽無遺，並分析驗算出「配對幸福指數分析表」，成敗得失、悲歡榮辱，盡在其中。

◎「實例一」幸福配對實例分析：林先生與林太太

<table>
<tr><td>命　宮 丁
太陰
巳</td><td>父母宮 戊
貪狼忌
午</td><td>福德宮 己
天同
巨門
未</td><td>田宅宮 庚
武曲
天相
申</td></tr>
<tr><td>兄弟宮 丙
廉貞
天府
辰</td><td colspan="2" rowspan="2">林　先生
32 年　癸未年</td><td>官祿宮 辛
太陽
天梁
酉</td></tr>
<tr><td>夫妻宮 乙
卯</td><td>僕役宮 壬
七殺
戌</td></tr>
<tr><td>子女宮 甲
破軍祿
寅</td><td>財帛宮 乙
丑</td><td>疾厄宮 甲
紫微
子</td><td>遷移宮 癸
天機
亥</td></tr>
</table>

<table>
<tr><td>遷移宮 辛
天機祿
巳</td><td>疾厄宮 壬
紫微
午</td><td>財帛宮 癸
未</td><td>子女宮 甲
破軍
申</td></tr>
<tr><td>僕役宮 庚
七殺
辰</td><td colspan="2" rowspan="2">林　太太
34 年　乙酉年</td><td>夫妻宮 乙
酉</td></tr>
<tr><td>官祿宮 己
太陽
天梁
卯</td><td>兄弟宮 丙
廉貞
天府
戌</td></tr>
<tr><td>田宅宮 戊
武曲
天相
寅</td><td>福德宮 己
天同
巨門
丑</td><td>父母宮 戊
貪狼
子</td><td>命　宮 丁
太陰忌
亥</td></tr>
</table>

▲林先生與林太太的紫微斗數命盤

配對幸福指數分析表：林先生與林太太

配對分析	物質	精神	肉體	平均
林先生→林太太	90	80	60	76.67
林太太→林先生	80	80	60	73.33
總和平均	75.00			

林先生夫妻；命盤中命宮主星相同爲太陰星，命宮位置一個在地戶（巳位），一個在天門（亥位），天門地戶相輝映，陰陽調和、身心一體，實屬難能可貴的喜緣婚姻。

林先生夫妻，這對只羨鴛鴦不羨仙的天生佳偶，當是百年修得同船渡、千年修得共枕眠，喜緣歡聚今生。除了夫妻恩愛外，更能夠興家立業，橫發資財；夫妻之間性格相投、心靈相犀，默契十足的神鵰俠侶；肉體性生活的契合度雖然中庸平凡，但是白開水確實能夠解渴養生；經濟物質面，更是經商有道；林太太是稱職的財務長，林先生經商的金流，皆交由林太太管理，雖然先生難免也會管束太太的理財方式，身心靈融合下，夫妻感情未減反增；人生功課當然並非事事圓滿，林先生夫妻因爲忌星入健康相關宮位，身體狀況不佳，幸得能量氣灸自然養生法，保持健康、白頭偕老；二人退休後一同遊山玩水、愜意自在、人生圓滿。

◎「實例二」幸福配對實例分析：鄭先生與鄭太太

僕役宮 乙 太陽 陀羅 巳	遷移宮 丙 破軍 祿存 午	疾厄宮 丁 天機 擎羊 未	財帛宮 戊 紫微 天府 申
官祿宮 甲 武曲 文曲 辰	鄭 先生		子女宮 己 太陰祿 天鉞 酉
田宅宮 癸 天同 火星 卯	46年 丁酉年		夫妻宮 庚 貪狼 鈴星 戌
福德宮 壬 七殺 左輔 寅	父母宮 癸 天梁 丑	命宮 壬 廉貞 天相 子	兄弟宮 辛 巨門忌 天魁 亥

兄弟宮 己 天梁 陀羅 巳	命宮 庚 七殺 祿存 午	父母宮 辛 擎羊 未	福德宮 壬 廉貞 文曲忌 申
夫妻宮 戊 紫微 天相 辰	鄭 太太		田宅宮 癸 酉
子女宮 丁 天機 巨門 卯	48年 己亥年		官祿宮 甲 破軍 戌
財帛宮 丙 貪狼 鈴星 寅	疾厄宮 丁 太陽 太陰 丑	遷移宮 丙 武曲祿 天府 子	僕役宮 乙 天同 空劫 亥

▲鄭先生與鄭太太的紫微斗數命盤

配對幸福指數分析表：鄭先生與鄭太太

配對分析	物質	精神	肉體	平均
鄭先生→鄭太太	80	65	60	68.33
鄭太太→鄭先生	70	65	80	71.67
總和平均	70			

鄭先生早年家境小康，高中畢業後，學習塑膠成型製造技術；鄭太太家境清寒，辛勤苦讀，勉強高中畢業；二人結婚後共創事業，開設塑膠廠，夫妻合作無間，十年內橫發資財，購置許多不動產，扭轉幼年困境、突破人生。

鄭先生命宮廉貞星、天相星領導老闆格，鄭太太命宮七殺星業務公關人才，性格相輔相成、夫唱婦隨；夫妻婚配組合分析，經濟物質與身心靈層面天衣無縫，行運行至貪狼星逢鈴星，爲橫發格財富暴發；各方面皆相得益彰，既能白手起家、財丁兩旺，夫妻感情還濃情蜜意、鶼鰈情深。

感情與婚姻要長治久安，必須靠經營；經營之道在於修身養性、培養默契、相愛（忍）爲家，運用老祖宗智慧先知先覺，做好風險管理，布置家和萬事興的格局，幸福圓滿非難事！

◎「實例三」幸福配對實例分析：黃先生與黃太太

遷移宮 丁 天府 祿存 巳	疾厄宮 戊 天同 太陰 午	財帛宮 己 武曲 貪狼祿 未	子女宮 庚 太陽 巨門 申
僕役宮 丙 陀羅 辰	黃 先生		夫妻宮 辛 天相 火星 酉
官祿宮 乙 廉貞 破軍 42 卯	27年 戊寅年		兄弟宮 壬 天機忌 天梁 戌
田宅宮 甲 文昌 32 寅	福德宮 乙 天魁 22 丑	父母宮 甲 文曲 12 子	命 宮 癸 紫微 七殺 2 亥

財帛宮 己 武曲 破軍 巳	子女宮 庚 太陽忌 文昌 5 午	夫妻宮 辛 天府 天鉞 15 未	兄弟宮 壬 天機 太陰 25 申
疾厄宮 戊 天同 辰	黃 太太		命 宮 癸 紫微 貪狼 4 酉
遷移宮 丁 左輔 擎羊 64 卯	33年 甲申年		父母宮 甲 巨門 14 戌
僕役宮 丙 鈴星 祿存 54 寅	官祿宮 丁 廉貞祿 七殺 44 丑	田宅宮 丙 天梁 34 子	福德宮 乙 天相 右弼 24 亥

▲黃先生與黃太太的紫微斗數命盤

配對幸福指數分析表：黃先生與黃太太

配對分析	物質	精神	肉體	平均
黃先生→黃太太	70	70	60	66.67
黃太太→黃先生	70	70	70	70.00
總和平均	68.33			

黃先生命格隸屬富貴美滿之造，黃太太亦屬財官雙美格局，二人命宮主星相同為紫微星，陰陽調和、琴瑟和鳴，紫微斗數因子學的配對指數屬上等組合；乙巳年結婚後，夫妻感情如膠似漆、相敬如賓；共同經營房地產，事業平步青雲、一帆風順，十年光景橫發資財億萬，夫妻倆成為富翁與貴婦；強力的身心靈來電組合，實在是難能可貴的天賜姻緣。美中不足是黃太太子女宮忌星入，造成不易受孕；運用魁鉞風水地氣與能量磁場改造，幸得一子五子登科，家庭圓滿。

先天合拍、天定姻緣，天時（命盤）、人和（合婚）、地利（風水）聚集；難能可貴的配對，加上後天的天地風水來築巢，必能創造和樂安康、幸福美滿的婚姻家庭生活；締造連神仙都羨慕，天人地三合的圓滿境界。

◎「實例四」苦情配對實例分析：江先生與江太太

父母宮 己 天府 巳	福德宮 庚 天同 太陰 午	田宅宮 辛 武曲 貪狼 未	官祿宮 壬 太陽忌 巨門 申
命 宮 戊 右弼 白虎 3 辰	江 先生 33年 甲申年		僕役宮 癸 天相 酉
兄弟宮 丁 廉貞祿 破軍 卯			遷移宮 甲 天機 天梁 戌
夫妻宮 丙 祿存 鈴星 寅	子女宮 丁 天魁 陀羅 丑	財帛宮 丙 子	疾厄宮 乙 紫微 七殺 亥

財帛宮 丁 天府 天鉞 巳	子女宮 戊 天同 太陰 午	夫妻宮 己 武曲 貪狼忌 未	兄弟宮 庚 太陽 巨門權 申
疾厄宮 丙 文昌 鈴星 辰	江 太太 42年 癸巳年		命 宮 辛 天相 火星 3 酉
遷移宮 乙 廉貞 破軍 63 卯			父母宮 壬 天機 天梁 13 戌
僕役宮 甲 52 寅	官祿宮 乙 擎羊 43 丑	田宅宮 甲 祿存 33 子	福德宮 癸 紫微 七殺 23 亥

▲江先生與江太太的紫微斗數命盤

配對苦情指數分析表：江先生與江太太

配對分析	物質	精神	肉體	平均
江先生→江太太	50	50	80	60.00
江太太→江先生	60	40	70	56.67
總和平均	58.33			

江先生命格無主星，先天命身薄弱，白虎星據守不利婚姻，對象若配對組合選擇良好，尚有機會財富安康；可惜江先生一生驚濤駭浪，43歲大限太陽星化忌，舉債度日，最後逃不過債主逼迫，萬念俱灰自殺了結坎坷的生命。江太太命盤忌星落入夫妻宮，主感情婚姻生離死別；江先生夫妻命宮主星性格、精神、思想相異，但是肉體來電因子分數卻很高，性生活融洽恩愛；卻因爲事業財富產生破壞組合，造成貧賤夫妻百事哀，令人扼腕的悲劇。

人逢絕境千萬不可以輕生，要相信天底下沒有不能解決的事情；老天爺安排人生中會有1~3次成功的機會，只要留住生命，持續努力；天無絕人之路，機會總是留給準備好的人，掌握關鍵時機點，始終「戲棚下站久了，就是你的」。

◎「實例五」苦情配對實例分析：莊先生與莊太太

子女宮 丁 天相 天鉞 巳	夫妻宮 戊 天梁 午	兄弟宮 己 廉貞 七殺 未	命　宮 庚 申
財帛宮 丙 巨門權 辰	莊　先生		父母宮 辛 左輔 鈴星 44 酉
疾厄宮 乙 紫微 貪狼忌 卯	42年	癸巳年	福德宮 壬 天同 地劫 34 戌
遷移宮 甲 天機 太陰科 寅	僕役宮 乙 天府 擎羊 4 丑	官祿宮 甲 太陽 祿存 14 子	田宅宮 癸 武曲 破軍祿 24 亥

命　宮 癸 巨門 祿存 2 巳	父母宮 甲 廉貞忌 天相 午	福德宮 乙 天梁 鈴星 未	田宅宮 丙 七殺 申
兄弟宮 壬 貪狼 陀羅 12 辰	莊　太太		官祿宮 丁 天同祿 天鉞 酉
夫妻宮 辛 太陰 22 卯	45年	丙申年	僕役宮 戊 武曲 右弼 戌
子女宮 庚 紫府 天空 32 寅	財帛宮 辛 天機 昌曲 丑	疾厄宮 庚 破軍 子	遷移宮 己 太陽 天魁 亥

▲莊先生與莊太太的紫微斗數命盤

配對苦情指數分析表：莊先生與莊太太

配對分析	物質	精神	肉體	平均
莊先生→莊太太	60	60	50	56.67
莊太太→莊先生	70	60	50	60.00
總和平均	58.33			

莊先生爲機月同梁格，三合科權吉化作吏人，在銀行上班，收入穩定；二十五歲結婚，婚後生下長子，患有腦性痲痺的毛病。夫妻彼此物質上稍有助力，故而成家積財；可惜肉體的斥電，性生活上無法得到陰陽調和，除了造成孩子健康有損，也因爲氣血不足影響彼此運勢，容易遭遇意外災劫。莊太太四十歲當年，流年疾厄宮雙忌星入，氣數位亦破，構成十面埋伏極爲凶險的運勢；跟隨旅行團出遊中國桂林，發生飛機失事空難死亡。

陰陽不調產生氣運不足，長期損耗身體未能補充，人的身心意識趨顯薄弱，容易做出錯誤的判斷，或走上不歸路；空難的形成絕非偶然，適逢航空公司的國運、負責人、機師、空姐，以及同航旅客，衆人氣運都顯示弱勢，如此共業情況之下，悽慘的悲劇就此產生；長期飛行的朋友們，千萬做好運勢分析以管理風險；才能晴空萬里、順風順水。

◎「實例六」苦情配對實例分析：呂先生與呂太太

父母宮 辛 廉貞 貪狼 14 巳	福德宮 壬 巨門祿 24 午	田宅宮 癸 天相 天鉞 34 未	官祿宮 甲 天同 天梁 申
命 宮 庚 太陰 4 辰	呂 先生		僕役宮 乙 武曲 七殺 酉
兄弟宮 己 天府 文曲 卯	40年 庚子年		遷移宮 丙 太陽 地劫 戌
夫妻宮 戊 寅	子女宮 己 紫微 破軍 丑	財帛宮 戊 天機 天魁 子	疾厄宮 丁 文昌忌 亥

官祿宮 乙 武曲忌 破軍 巳	僕役宮 丙 太陽 午	遷移宮 丁 天府 地劫 未	疾厄宮 戊 天機 太陰 申
田宅宮 甲 天同 辰	呂 太太		財帛宮 己 紫微 貪狼 酉
福德宮 癸 天魁 天空 卯	51年 壬寅年		子女宮 庚 巨門 陀羅 戌
父母宮 壬 文昌 寅	命 宮 癸 廉貞 七殺 3 丑	兄弟宮 壬 天梁祿 擎羊 13 子	夫妻宮 辛 天相 鈴星 亥

▲呂先生與呂太太的紫微斗數命盤

配對幸福指數分析表：呂先生與呂太太

配對分析	物質	精神	肉體	平均
呂先生→呂太太	80	50	60	63.33
呂太太→呂先生	70	50	40	53.33
總和平均	58.33			

呂先生夫妻結婚後興家立業，事業順暢有成，經濟條件日益茁壯；呂先生命宮太陰星在辰宮弱陷，且疾厄宮忌星入，身弱健康不佳；呂太太夫妻宮鈴星煞星擋中，代表感情婚姻有緣薄之相；夫妻間的肉體關係既來電又斥電，爲糾纏因子，彼此喜愛性生活，卻又排斥到先生影響其健康，每逢性生活之後，先生都會感到疲憊不堪，無法得到陰陽調和；呂先生四十一歲流年疾厄宮雙忌入，心肌梗塞送醫不治身亡。

不知命者無法掌握運勢，因而喪失風險管理的能力；加上陰陽不調損害健康，千萬要注意養氣養生養精氣神；生命誠可貴，愛情價亦高，如何知命掌運、造命開運，老祖宗的智慧流傳千年的秘訣，你必須學習先知先覺呀！

◎「實例七」苦情配對實例分析：戴先生與戴太太（王女士）、戴先生與彭女士

僕役宮 辛 武曲 破軍 巳	遷移宮 壬 太陽 天空 午	疾厄宮 癸 天府 左右 未	財帛宮 甲 天機祿 太陰忌 46 申
官祿宮 庚 天同 擎羊 辰	戴 先生 24 年 乙亥年		子女宮 乙 紫微 貪狼 36 酉
田宅宮 己 祿存 鈴星 卯			夫妻宮 丙 巨門 26 戌
福德宮 戊 陀羅 火星 寅	父母宮 己 廉貞 七殺 丑	命 宮 戊 天梁 天魁 6 子	兄弟宮 丁 天相 16 亥

父母宮 丁 天機忌 祿存 巳	福德宮 戊 紫微 擎羊 午	田宅宮 己 天鉞 未	官祿宮 庚 破軍 右弼 申
命 宮 丙 七殺 陀羅 5 辰	戴 太太 27 年 戊寅年		僕役宮 辛 酉
兄弟宮 乙 太陽 天梁 15 卯			遷移宮 壬 廉貞 天府 戌
夫妻宮 甲 武曲 天相 25 寅	子女宮 乙 天同 巨門 35 丑	財帛宮 甲 貪狼祿 子	疾厄宮 癸 太陰 空劫 亥

▲戴先生與戴太太的紫微斗數命盤

配對幸福指數分析表：戴先生與戴太太

配對分析	物質	精神	肉體	平均
戴先生→戴太太	70	50	50	56.67
戴太太→戴先生	70	50	50	56.67
總和平均	56.67			

欲享齊人之福，實非福；終致禍端臨門，悔當初！

戴先生夫妻宮巨門星暗宿，婚姻關係及配偶較爲悲觀；戴太太命宮與福德宮都有煞星，情緒起伏大，容易糾結；戴先生自二十二歲結婚後，與戴太太的物質助力因子達70分，因而工作一帆風順；三十歲自創業經營貿易公司，短短十年內橫發資財上億。事業雖然順利，但是與妻子肉體不來電，不喜歡與戴太太性生活，因此結婚五年後隨即分房；1974年開始有了固定桃花，與彭女士暗中同居；直到1976年初，戴太太限內夫妻宮雙忌入，婚姻有破，發現姦情，憤而自殺身亡。

戴太太何苦輕生呢？留得青山在、不怕沒柴燒，爲自己、爲孩子、爲財富，都該好好活著，愛自己疼惜自己、把握歲月發揮己長，如此才不枉人身難得今已得。

<table>
<tr><td>僕役宮 辛
武曲
破軍
巳</td><td>遷移宮 壬
太陽
天空
午</td><td>疾厄宮 癸
天府
左右
未</td><td>財帛宮 甲
天機祿
太陰忌
46 申</td></tr>
<tr><td>官祿宮 庚
天同
擎羊
辰</td><td colspan="2" rowspan="2">戴　先生
24年　乙亥年</td><td>子女宮 乙
紫微
貪狼
36 酉</td></tr>
<tr><td>田宅宮 己
祿存
鈴星
卯</td><td>夫妻宮 丙
巨門
26 戌</td></tr>
<tr><td>福德宮 戊
陀羅
火星
寅</td><td>父母宮 己
廉貞
七殺
丑</td><td>命　宮 戊
天梁
天魁
6 子</td><td>兄弟宮 丁
天相
16 亥</td></tr>
</table>

<table>
<tr><td>父母宮 辛
天相
14 巳</td><td>福德宮 壬
天梁
文昌
24 午</td><td>田宅宮 癸
廉貞
七殺
34 未</td><td>官祿宮 甲
文曲
天鉞
44 申</td></tr>
<tr><td>命　宮 庚
巨門
擎羊
4 辰</td><td colspan="2" rowspan="2">彭　女士
44年　乙未年</td><td>僕役宮 乙
54 酉</td></tr>
<tr><td>兄弟宮 己
紫微
貪狼
卯</td><td>遷移宮 丙
天同
左輔
64 戌</td></tr>
<tr><td>夫妻宮 戊
機陰
陀羅
寅</td><td>子女宮 己
天府
火星
35 丑</td><td>財帛宮 戊
太陽
天魁
子</td><td>疾厄宮 丁
武曲
破軍
亥</td></tr>
</table>

▲戴先生與彭女士的紫微斗數命盤

配對幸福指數分析表：戴先生與彭女士

配對分析	物質	精神	肉體	平均
戴先生→彭女士	50	60	60	56.67
彭女士→戴先生	40	70	50	53.33
總和平均	55.00			

戴先生己未年與彭女士正式結婚，彭女士命宮與夫妻宮煞星擋中，不利自己的健康與感情婚姻；且二人在物質助力不佳情況下，導致事業兵敗如山倒，每況愈下，直至1986年正式宣告破產。婚後三年，彭女士的健康漸漸衰退，實屬肉體因子薄弱，無法充電養生，健康亮起紅燈。陰陽不調造成損害健康，千萬要注意養氣養生。

綜觀幸福與苦情的配對，任何組合都存在著其優勢與劣勢，如何截長補短、揚善隱惡，發揮優點、調整缺點呢？這確實是人生路上必修的感情課題。「一命、二運、三風水、四積陰德、五讀書」，老祖宗留給我們生存的祕訣；雖然先天的命運及婚配無力，但是我們可以運用後天的風水地氣、能量磁場，養精蓄銳、儲備活力，爲自己突圍、完成不可能的任務；天無絕人之路，只在於你是否用對方法？歡迎參考下一節輔導成功的眞實案例與第五章的方法。

4-6 改善不良關係—輔導案例

有姻緣斷裂線者仍可擁有好姻緣，唯需靠後天努力調理，我們來看看其它人如何扭轉他們的命運。

◎姻緣斷裂線輔導

四十歲型男的不戀之苦

情節 先天命運	高帥的四十歲天相星男，從未感受到愛情的滋養，更不用談能有論及婚嫁的機會；家人不禁為他感到緊張；求助於師公 洪培峰大師，大師絞盡腦汁為他設想盤算，如何能夠改造這「姻緣斷裂線」的型男？姻緣斷裂線就猶如身體的經絡，負責姻緣的這一條經絡斷裂了，無法接通姻緣；先天命盤已經注定難有婚姻，月下老人就是不打算給他婚姻、給他家庭，要他單身一輩子！ 幸虧，天相男很有福報，得到貴人的引薦，大師給了他人生的希望；天相男得到老祖宗智慧的改造，不但娶得美嬌娘，還坐到金交椅！
輔導 後天造命	洪大師曾經輔佐過天相男的姊夫，姊夫一路直升至高等法院大法官；洪大師建議天相男暫住於姊姊家，尋找一處地氣強盛的位置，佈置高能量矽晶床；藉由天地之氣於高能量矽晶，轉換能量為型男吸收充電，強大的力量調理型男先天所沒有的婚姻磁場；透過風水地氣與能量氣場，後天藉以改造型男的命運。 型男於調整後，與同公司十年的會計相戀，十多年來不曾有過感動，卻在調氣過後姻緣乍現；論及婚嫁雙方家長會面，才發現戀人居然是公司老闆千金；結婚後丈人更出資讓型男至中國創業，事業婚姻至此圓滿如意，功德無量！

高齡美女的苦戀之憾

情節 先天命運

高齡貪狼星美女擁有亮麗的外貌、玲瓏的身材、傲人的身分，知識份子身居企業高官；卻因為「姻緣斷裂線」，無法擁有穩定的感情，總是遇見爛桃花，花花公子、浪蕩劈腿、不婚主義者；沒有人值得託付終身，成家生子的夢想猶如幻影，缺乏安全感的人生，令人遺憾；女孩們的公主夢想，對他人而言也許很容易，對貪狼女而言卻遙不可及。

透過母親，貪狼美女結識筆者；老天給了貪狼女優渥的事業與薪資，卻不給她圓滿的愛情，天底下確實難有十全十美的人生，但是筆者感受貪狼女的孝心與母親的憂心，決定與他們一起努力面對挑戰，追求幸福圓滿！

輔導 後天造命

魁鉞首先列入輔導計畫，以命理行運變化來規劃「幸福專案」，並勘測確認貪狼美女的豪宅風水，住家居然蓋在興盛廟宇的氣脈上，處於高樓層地氣還非常強盛；貪狼女因為房貸壓力大，原本打算將房子賣掉，魁鉞鼓勵她佈置高能量矽晶床，養足精氣神，自然能夠面對經濟與感情的壓力。

初期，謹慎的貪狼女充滿疑惑，非常不想睡在硬硬的矽晶上；經過一陣子，感情的背叛與經濟的壓力，令貪狼女終於決定放手一搏，藉由高能量矽晶的天地之氣，為貪狼女轉換能量吸收充電，強大的力量調理其先天所沒有的感情磁場；透過風水地氣與能量氣場，後天藉以改造貪狼女的命運。

貪狼美女於調整後，事業上高升為副總經理，成功換購更舒適的豪宅，也與同事相戀，日前剛完成終身大事，還希望能夠儘快運用魁鉞的優生學，生個健康寶寶；事業再上一層樓，感情人生圓滿如意，功德無量！

◎危險情人的輔導

由「情人紅綠燈」中認識，各個星性情感皆有其優缺點；感情路上需藉由紅綠燈停看聽，謹慎選擇對象；「紅燈」正所謂是危險情人，如何造就出危險情人而亮起紅燈？先天來論，某些人命盤組合就是容易遇到危險情人，相關宮位遇到煞星星宿，就會呈現出刻骨銘心、辛酸駭人的感情血淚史；尚未知命前，自然順著命運走，隨波逐流無法自拔，往往心力交瘁、茫然失意；此刻，千萬不可以放棄自己，天無絕人之路，痛苦只是體驗，也是為你開啟道路的鑰匙，運用得當老祖宗的智慧，必定能夠鹹魚翻身、克服障礙，自然就有了創造幸福的本錢。

單親女孩的地獄逃脫

情節

天府星女孩自幼父母離異，跟著父親；由於父親忙碌無暇顧及天府女，女孩獨立自主，但是很不幸，子女宮位煞星重疊左右助凶，學生時期幾經惡徒強姦、輪暴，苦不堪言，人生已經嚴重失去方向；姑姑發現女孩的無助痛苦，遂即帶著天府女求見 洪培峰大師。

先天命運

輔導

後天造命

洪大師見狀，馬上解析女孩的命盤，確實其命帶劫數煞星重疊，女孩的命運懸在一線，若不馬上遏止問題，天府女恐怕此生完全絕望；大師要求姑姑找女孩的母親來見，母親離婚後改嫁到日本，母親得知速回台灣拜見大師，母親不知女兒身心受創，年輕歲月如此斑駁，不禁聲淚俱下；大師勸說天府母親必須照顧女孩；並建議給女孩戴上眼鏡（遮住桃花眼），帶至日本繼續讀書，尋一處風水氣場良好的住所，安心接受教育。

十年後，天府女帶著女兒來探視 洪大師，感念大師當年的救命之恩，大師一時間還認不出天府女，女孩已經長成落落大方，並且遇見良人，結婚生下女兒，婚姻幸福美滿；大師與老祖宗的智慧，救人一命勝造七級浮屠，功德無量！

苦戀美女的婚姻惡夢

情節　先天命運

天相星美女氣質高雅、亮麗吸睛，夫妻宮卻是貪狼星逢陀羅星，紫微斗數學理為配偶「風流彩杖」；年紀輕輕就嫁給了帥氣挺拔的先生，無奈先生風流多情，放著美艷嬌妻在家，仍舊在外不斷尋花問柳；天相女努力打扮自己、使盡渾身解數用心經營，希望能夠挽留丈夫，但仍舊婚姻破局。

筆者接到電話，一陣哭訴令筆者心疼不已；她說先生遇到初戀情人，一發不可收拾，在外還欠了一屁股債，唯恐債主找上門；帶著兒子的天相女心如枯槁、絕望非常，感到前途茫茫，不知何去何從？

輔導　後天造命

筆者當即列入輔導計畫，以命理分析未來方向，鼓勵天相女勇敢面對人生；婚姻輔導中，筆者向來只勸合不勸離；而這段婚姻不但已無情分，還隨時處於被追債的恐懼人生，更害怕失去辛苦購置的住家，到頭來一無所有，擔憂連累家人，忍痛選擇離婚，但沒有獲得共識；天相女透過紫微斗數核算，選擇了適當的日子，終於順利離開簽字離婚。

魁鉞檢測其住家，臥房離氣嚴重，難怪造成夫妻失和，身心一直處於疲憊狀態。奉勸天相女另尋住處，母子二人先選擇地氣強盛的套房居住，養精蓄銳重新出發，舊屋拋售或出租。離氣的房子，不適合生物體居住，久住輕則傷身憂鬱、糾紛事故，重則病亡意外、社會案件。

放下十數年婚姻的天相女，重新面對新的人生，初期仍有些慌張，筆者推算她兩年後會遇到理想對象，鼓勵其先靜心修持；天相女幸得母親的陪伴，開始隨著師父禪修；透過風水地氣的身心滋養，及佛學修持的靈性淨化，再造天相女的幸福人生，原本就具備桃花因子的天相女，二年後遇到了真心相待的新對象，締結圓滿幸福的婚姻，先生疼愛有佳，並愛屋及烏疼愛兒子；如此隨心滿願，夫復何求！

捍衛愛情的守護者

情節

先天命運

陀羅星美女通常美艷驚人、性格強烈卻內斂；福德宮一定有擎羊星，紫微斗數學理「福德宮為女命的感情對待位」，主感情生活轟轟烈烈、刀光劍影；愛上了就義無反顧，因為執著難以平復受傷的心；荳蔻年華少女情懷總是詩，怎知情郎轉頭愛已逝；所有付出秋歸潮水，叫女孩如何釋懷？如何甘心？

求助於魁鉞，為捍衛愛情守護真心，女孩希望挽回想分手的男友；男友在無預警的情況下提出分手，令陀羅女無法平靜、憤憤難平、鬱鬱寡歡；屢次的感情創傷，情緒的起伏難以控制，傷害之心蠢蠢欲動。

輔導

後天造命

魁鉞憂心立即專案輔導，希望挽救年輕的命運；命理分析先天感情狀態，鼓勵少女學習轉換自己；少女想挽回感情，怎奈男友總避不見面，少女心急了，不顧一切闖進男友家中，男方母親不知所措；魁鉞接到電話：老師可否救救女孩？她在我們家，包包裡還有刀。魁鉞紫微斗數屈指一算，大壞！當天晚子時男女會碰到面，情劫難逃！魁鉞來到男方家，規勸女孩先回家。離開下了樓，女孩仍情執難過，不肯離開。晚上11：00摩托車聲響起，男孩如期出現了，只好讓他們二人好好談談，魁鉞不敢鬆懈守候在旁；突然，女孩正在摸索包包中的東西，魁鉞見狀馬上搶過包包，阻止女孩做傻事，萬般規勸後才結束當日的危機。

經過多次的單獨與雙方輔導，仍無法挽回破碎的感情；但是順利讓陀羅女免於精神用藥，遠離躁鬱症患者的惡名。魁鉞得知女孩租屋在頂樓，通常頂樓加蓋地板有防水層會阻隔地氣，除非地質本身氣很強盛，否則頂樓一定離氣嚴重；女孩常常想從樓上一躍而下了結此生。魁鉞奉勸陀羅女另尋住處，卻遲遲走不出來，直至因故陀羅女暫住魁鉞家，氣場漸漸轉換後，有朋友介紹新居，魁鉞檢測確認，女孩非常有福氣得到風水極好的房子，自此扭轉命運。

輔導 後天造命

捍衛愛情的守護者

運用紫微斗數規劃女孩的事業藍圖，鼓勵女孩轉換思路與跑道；新居住辦一起搬到有地氣的空間，漸漸由負債轉虧為盈，心情也開朗起來，從事業中找到成就感與自信心，遇到困難時情緒不再浮動，面對感情也能冷靜處理；陽光的洗禮與地氣的滋養可以帶給人氣血循環順暢，身心健康開朗，自然也能帶來順暢的運勢、好的機緣與貴人。

為了鼓勵女孩再尋真愛，事業再上層樓；女孩開始運用高能量矽晶床調理；桃花滿盤的女孩，自此，爛桃花遠走高飛，愛情順心如意；事業更是鴻圖大展、財源廣進！魁鉞以女孩為榮，運用老祖宗智慧借力使力，勇敢追求真愛，追求完美的人生，更懂得盡己之力，回饋社會！

◎姻緣危機點輔導

姻緣危機點是姻緣破壞靈動的啓發，雙方在同時的引動點上，姻緣破壞力也就開始牽動，各式各樣的悲劇漸漸演出，但危機並不可怕，只要後天環境的營造和命理的指引，便能擁有圓滿的感情，我們來看看其它如何扭轉他們的命運。

	小三風波留得青山
情節	太陽星男台商事業有成二岸經商，偕同妻子拜會 洪培峰大師諮詢流年運勢；大師觀盤：先生遷移文曲星化忌，紫微斗數學理稱為「桃花後遺症」，要先生多小心出外的安全；太陽星妻當場哭訴，先生早在大陸有小三（小老婆），求教大師是否該離婚？
先天命運	大師不忍完整的家庭、數十年的婚姻，苦口婆心勸說不要離婚，先過了流年不利這一年之後再說。囑咐太陽男當年元月份不可遠行，否則劫數難逃！
輔導	太陽妻子按下怒氣，相忍為家，緊鑼密鼓準備過年；太陽男也安分守己留在台灣，從除夕團圓飯到大年初二，太陽男按耐不住大陸小老婆催促，大年初三飛往大陸，當晚死在小老婆床上；一語成讖「牡丹花下死，做鬼也風流」。
後天造命	太陽正妻繼承了數千萬的遺產，並保住太陽男的江山。如果太陽妻前一年就離婚，恐怕是「賠了先生又折兵」；真是聽得大師一語可獲千金呀！

西施美人遠離病痛

情節 先天命運	破軍星女殺破狼格，曾經馳騁沙場業務高手，命逢地劫星，紫微斗數學理為「劫人又劫財」，不是身體虛弱就是破財；夫妻宮化忌星，主與配偶輕則代溝隔閡，重則生離死別；破軍女經由先生陪伴，帶著虛弱的身體來拜訪筆者；先生憂心訴說：破軍女心悸身體不適，頻繁進進出出急診，真不知道該怎麼辦好？
輔導	魁鉞列入輔導計畫，以命理分析未來方向，發現破軍女隔年有生命之危，必須趕快調整；筆者檢測其住家，破軍女與女兒同住的房間離氣很嚴重，難怪破軍女身心健康一落千丈；奉勸破軍女另尋住處，不久，很幸運找到地氣強盛的一樓住家，並安置高能量矽晶床調理。很快得身體狀態漸漸恢復，先生也因睡矽晶床後，業績轉好、事業發展。搬至新居後沒多久，原有的住處樓下適巧發生氣爆，破軍女一家倖免於難。
後天造命	破軍女氣血精神越來越好，全家人也欣喜新人生的開始，依據全家紫微斗數合盤，乃興家立業的強盛組合；氣順了運就好了，期待再購置家產，家和萬事興，一切順心如意、夫妻恩愛發達、孩子健康聰明！

算愛的「幸福祕境地圖」，令你了解了老祖宗的生存之道，教我們「幸福的本事」；運用幸福祕境地圖獲得、營造、經營幸福；活生生、血淋淋的眞人眞事案例，讓你了解情關確實難過，但老天爺留下了經營幸福的智慧與祕訣；獲得、營造、經營幸福絕非難事，只要你願意給自己機會，幸福圓滿必定常伴你左右；甚至可以圓滿自己也可以成就他人！修身、齊家、治國、平天下，世界和平的願望就更貼近了，這是值得努力的。

第5章

如何獲得、營造、經營幸福？

如何獲得營造經營幸福

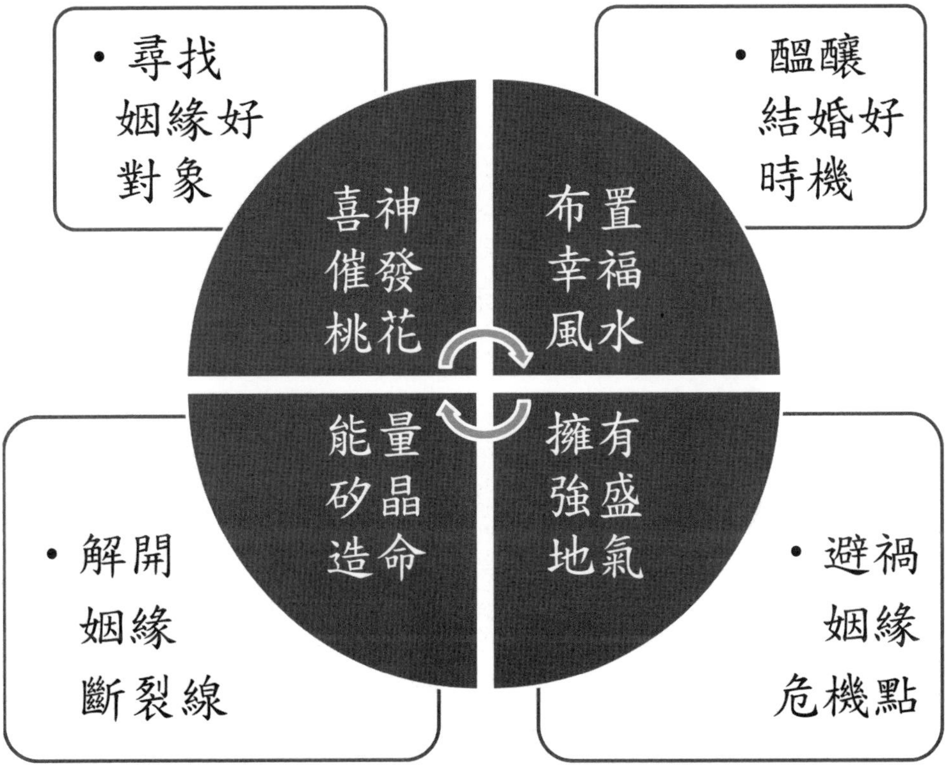
• 尋找姻緣好對象
• 醞釀結婚好時機
喜神催發桃花
布置幸福風水
能量矽晶造命
擁有強盛地氣
• 解開姻緣斷裂線
• 避禍姻緣危機點

5-1 好姻緣風水，從認識「地氣」著手

「起家」擁有好風水，聚足生物體所需的陽光、空氣、水及地氣。促使養足人之精氣神；未婚者可催桃花，已婚者家和萬事興。

風水經書曰：「氣乘風則散，界水則止。古人聚之使不散，行之使有止，故謂之風水。」經書裡面所說的氣即是風水學中的地氣，它是一種很珍貴的能量，能對生物體帶來很好的庇護，甚至能提昇一個人氣運，俗話常說一命、二運、三風水、四積陰德、五讀書，由此可見風水好壞對人的影響是很大的，不可輕忽它。

存在於大自然界中的地氣很嬌嫩，它由地底直透而上，卻很容易被非自然的建材、化學物品等物質來破壞，一旦居家佈置用了這些化學材質，非但破壞了地氣，甚至還會造成一種對生物不利的氣場，試舉例幾種地板材質如下：

1. 磁磚（含化學釉藥）
2. 塑膠地板
3. 化學地毯

4.花崗岩地板（雖天然石材卻含致癌的放射性元素「氡」）

5.非天然實木地板（製程含化學劑）

6.泡過藥水之實木地板（防蟲防蛀）

只要製程或鋪設地板過程，使用了化學物質就會阻隔了地氣的穿透性，化學成分愈多，則居家風水會變得愈差。一間居家風水地氣不好的房子，是很難能夠幫主人帶來好運的。即使勉強佈置了催桃花風水，其功效也是很差，無法達到加乘的效果。

5-2 算出我的「桃花位」在哪裡？

◎方法一：用八字命理看

就八字命理學而言男女命的桃花五行不盡相同，其方法如下：

各位讀者可以利用萬年曆或下載手機萬年曆APP，以自己國曆出生的年月日期對照，查出農曆的出生日期，並找出生日當天之天干地支，其中甲、乙、丙、丁、戊、己、庚、辛、壬、癸即爲天干；子、丑、寅、卯、辰、巳、午、未、申、酉、戌、亥即是地支。我們取「出生日天干」是爲自己的元神。

男女命的桃花方位，依照不同出生日天干，其方位對照如左：

男命出生日天干	桃花方位
甲、乙	中間
丙、丁	西方
戊、己	北方
庚、辛	東方
壬、癸	南方

女命出生日天干	桃花方位
甲、乙	西方
丙、丁	北方
戊、己	東方
庚、辛	南方
壬、癸	中間

◎方法二：從易經八卦看

依照易經八卦義理而言，乾、震、坎、艮四卦代表男性；坤、巽、離、兌四卦代表女性。男命要招桃花，宜採用坤、巽、離、兌四卦之方位；女命要招桃花，則宜採用乾、震、坎、艮四卦所代表之方位。

出生日天干	男命桃花方位	適合顏色	女命桃花方位	適合顏色
甲	中間	土（咖啡）、紫	西方	白、金
乙	中間	土（咖啡）、紫	西方	白、金
丙	西方	白、金	北方	黑、藍
丁	西方	白、金	北方	黑、藍
戊	北方	黑、藍	東方	綠
己	北方	黑、藍	東方	綠
庚	東方	綠	南方	紅、粉紅
辛	東方	綠	南方	紅、粉紅
壬	南方	紅、粉紅	中間	土（咖啡）、紫
癸	南方	紅、粉紅	中間	土（咖啡）、紫

八卦五行方位對照如下：

八卦	五行	方位
乾	金	西北方
坤	土	西南方
震	木	東方
巽	木	東南方
坎	水	北方
離	火	南方
艮	土	東北方
兌	金	西方

以上兩種方法都是在命理學術上尋找桃花位常用的方法，讀者可以配合居家空間的方位擇一而用通常會選用一至二個桃花位來增加運勢。

5-3 如何布置我的幸福風水？

如何布置我的幸福風水？請注意以下事項，逐一布局，桃花自可服服貼貼！

1、開對窗戶，引進生氣

運用上一節所教尋找桃花位方法，男女各找出其桃花方位，在該方位上開出窗戶來，幫桃花引進生發之氣，來照顧你的桃花。不過切忌不要貪心，開太多桃花方位之窗戶，以免桃花滿盤造成感情糾葛，那可就不妙了！基本上開二個以上就嫌多了。

2、運用鮮花催生桃花

我們知道男女命中桃花之五行後，可以對應五行顏色，購買鮮花來布置桃花位，藉由鮮花之生氣來催生桃花，切記不可偷懶使用假花，否則「假花」會象徵「假發」之象，桃花就發不起來了或曇花一現囉！此外若鮮花枯萎了，就要趕快換上新鮮的花朵，以免戀情也跟著枯萎凋謝了！

出生日天干	男生催桃花顏色	女生催桃花顏色
甲、乙	黃色	白色
丙、丁	白色	藍色
戊、己	藍色	綠色
庚、辛	綠色	紅色
壬、癸	紅色	黃色

例如A女八字出生日天干爲「甲」，那A女可在其桃花位上，擺設花瓶並插上白色的百合花，花朵數目要用雙數，因爲雙雙對對才有好兆頭，切莫形孤影單空惆悵。

3、把床位放置在桃花位上

運用上述之桃花位對照表，找出自己的桃花位，再把臥床安置在桃花方位的寢室內，寢具儘量使用天然材質，比如純天然乳膠床墊、純棉床罩、純棉蓋被、純棉枕頭等，床組記得要使用雙人床，放雙人枕頭喔！

此外再教各位一個小偏方，如果想強化催桃花的效果，還可以在床下鋪滿高能量矽晶，（但是此位置地氣不能離氣，方能使用此法）；先天知命掌運能夠趨吉避凶，卻無法改變命運的侷限；但是懂得風水地氣與自然能量的妥善運用，可以達到造命改運的效果，我命本自然，果然由我不由天！

4、配戴催桃花的飾品（此法較適合女生）

首選當然是高能量的粉矽晶手鍊或項鍊，儘量戴桃紅色飾品，但是材質一定要天然的，化學製品不但對人體氣場不利，也會破壞好桃花！

5、啟用七星陣法

如果經濟能力許可，我會建議你尋找出七顆較大的高能量粉矽晶球，布置成一個粉晶七星陣，但此陣法威力強大，切不可濫用，當你的Mr. Right（Miss. Right）出現時，就不要再啓動此陣法，只要拿走其中一顆粉晶即可，七星陣少了一顆便無法啓動了！

魁鉞運星獨創配戴在身上的高能量七星陣

6、播放優美音樂催生桃花

讀者們可以找出臥室內的桃花方位，放置音響播放優美旋律，不過切記儘量少播放失戀、憂愁、顧影自憐的旋律歌曲，應該多播放輕快愉悅的抒情歌曲，藉由音波的動能來催動桃花開。

5-4 藏風又聚氣、幸福不渙散

1、不要住太高

房子住太高樓會顯得離群索居、孤芳自賞，而且離地太遠中間會有許多層房屋隔著，如此便容易因建材使用化學材質造成阻隔地氣，接不到地氣，甚至造成離氣。如此便會破壞你的運勢，影響你的婚姻。

2、床位被門或桌角沖煞到

如果房間不夠大，床位擺設容易被房門或廁所門沖到，就必需在門上加掛落地門簾，長度不可太短方可阻擋沖煞，如有桌角或櫃子邊射向臥床，也必需遮擋沖煞，才能睡得安穩，神采奕奕自然桃花會開。

3、床鋪不可被燈壓

最怕造型特殊的藝術燈具有著許多稜稜角角，正好安在床位的正上方，形成煞氣沖射睡在床上的你，會造成壓力睡不安穩。如有此情形，要儘快找水電師傅移開燈具，方能睡個好覺，幫助桃花催生！

4、光線太亮、太暗皆不利桃花

光線太亮會形成光煞，造成壓力使人不舒服，所以要在窗戶掛上較厚重的窗簾來調節光線，如果是燈光太亮，則要換上能產生較柔和光線的燈具。如果是光線不足，太暗會使人沒有朝氣，陽氣不足也不行，那就要添加燈光照明器具，還可配合自己桃花方位加強光源。總之，控制好光線形成柔和的氣氛，也就等於幫自己打開桃花源！

5-5 運用喜神催發桃花與人緣

抓住你的喜神，喜神可以幫助你帶給自己好氣色與好運道；喜神要做什麼？先看一下圖，觀想你就是一個小宇宙，同時存在著陰跟陽；從很小的東西，到很大甚至是大宇宙，其實都存在著陰陽關係，所以稱爲陰陽學。

陰陽學主張孤陰不生、獨陽不長；無極生太極、太極生兩儀、兩儀生四象、四象化生萬物；無極就是當初整個大地什麼都沒有；太極開始孕化萬物；化生兩儀陰跟陽，兩儀生四象木火金水，四象

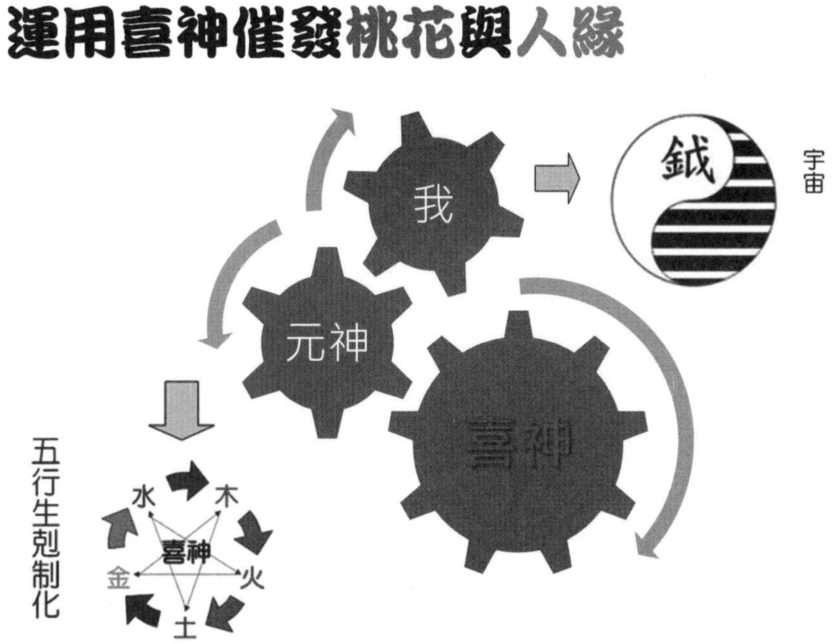

交接時會有雜氣，綜稱為土，這就是五行的概念。

所以請想想：我就是一個無極、一個太極、一對兩儀、一組四象、有五行，五行必須要相生，才會源源不絕；所以要知道五行有沒有順暢？才能知曉自己催桃花的元素是否順暢？大多數不會順暢，老天爺總是如此，將你的脊椎骨取掉一根，讓你不完全，強迫你去學習體驗，才能不枉此生！那要怎麼知道到底缺什麼呢？找到欠缺的，把它補起來，你的人生可以近乎圓滿。

宇宙之中我這個個體有一個元神，元神告訴你：你具備什麼樣的五行？比方說：木、火、土、金、水中，你的元神屬木，這個人看起來就比較仁厚、瘦瘦高高的；比如這個人是屬火，個性很熱情、脾氣不好；以此類舉……。

所以知道元神之後，了解你的元神屬於什麼樣的五行？然後從五行的生剋制化當中，去抓出喜神，也就是我們所欠缺的元素？

喜神呢？如同是我們的幸運神、幸運色、幸運物，可以用在很多地方，食衣住行皆可運用，欠缺什麼元素？用喜神補起來，我們的循環就會源源不絕了！穿的衣服可以用這個顏色、開的車子可以用這個顏色、家裡的布置都可以用這個顏色；火就是紅色、木就是綠色等等……經驗理論裡，大部分人喜歡穿自己的忌神，所以看起來有氣無力、毫無光采，那就是因為你穿到了忌神顏色，也就是你不適合穿這個顏色，又偏偏愛穿這個顏色；可是當你換穿你的喜神時，會發現他人稱讚你特別有精神、神采奕奕，覺得你今天特別不一樣喔！沒有人知道為什麼？其實是因為你的五行當中，欠缺的那個元素加進去了，就開始相生，你的氣就順了，氣順時氣色自然就好起來了。

喜神的用處很多，根本溯源，喜神就是我們每個人五行元素當中，所缺乏的那個元素，因為五行的元素必須齊備，才能循環相生；缺一不可，缺了就無法正常運行，跟我們的五臟六腑循環是一樣

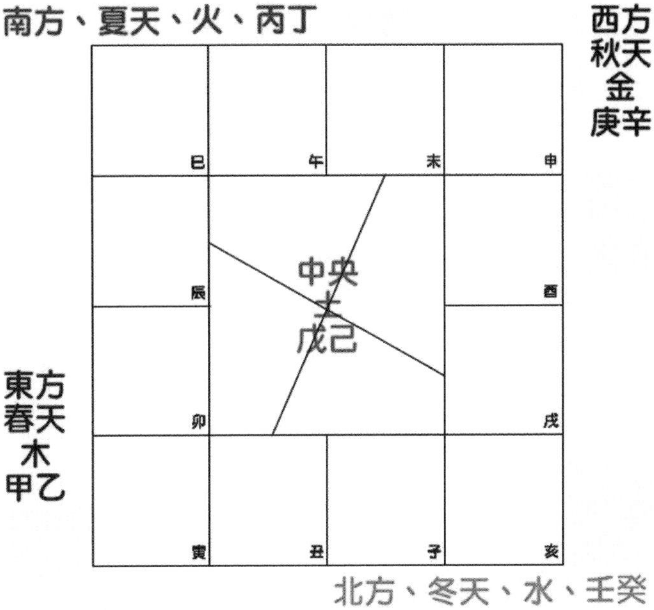

的；所以我們必須找到我們的喜神，補齊之後就會很順暢，賺錢也事半功倍；這就是喜神！

每個人本身就是一個小宇宙，宇宙存在著五行生剋制化之循環；由我爲本體，找到我的元神，透過五行分析，產生我的喜神，妥善運用喜神強化自己，桃花愛情、人緣貴助就在你眼前。這也是老祖宗在八字中教我們吃飯的工具。

紫微斗數命盤的十二宮表，不只代表著紫微斗數命表十二宮位，還蘊含著方位、四季、顏色、月令、五行、干支，也訴說著喜神的神奇助力；十二宮表中地支的位置是固定的。

萬物化生於春天，欣欣向榮、發芽生長，所以春天就是東方，寅月就是一月；春天屬木，天干是甲跟乙，地支是寅卯，東方也屬木，他們的五行都在木的方向。

命盤上方爲南方，比較熱，所以是夏天，屬火，天干是丙丁，地支是巳午。

命盤右方爲西方，有點涼意，就是秋天，屬金，天干是庚辛，地支是申酉。

命盤下方爲北方，比較寒冷，就像台北比高雄冷，冬天，屬水，天干是壬癸，地支是亥子。

十二宮表剛好也代表了十二個月，各位有沒有發現少了一個土？一、二到三月接近四月，三月交接時含有雜氣，雜氣屬土；四、五、六月，六月換季雜氣屬土；七、八、九月，九月屬土；十、十一、十二月，十二月雜氣屬土。所以辰、戌、丑、未四個宮位屬土，叫四土宮；天干的部分甲、乙、丙、丁跳到庚、辛，戊、己屬土，爲中央土。

干支的五行生剋怎麼看？建議大家養成習慣從木開始，木生火、火生土、土生金、金生水、水生木；相剋呢？木剋土、土剋水、水剋火、火剋金、金剋木、他會形成一個五星圖。生是正面的循環、剋則是負面的循環。制化，制是若A剋給你，就找另一個人B剋A去制他，一物剋一物；而化乃是採用圓融的方式，找一個人A生C的C去化，這就是雙贏，用好的循環來幫助好的互動。

- **五行生剋制化圖：**

『相生循環』木生火→火生土→土生金→金生水→水生木

『相剋循環』木剋土→土剋水→水剋火→火剋金→金剋木

提供簡易『喜神地圖』讓你馬上找到你的喜神幸運星 Lucky Star！

按照步驟來，喜神就把桃花貴人帶到你身邊。

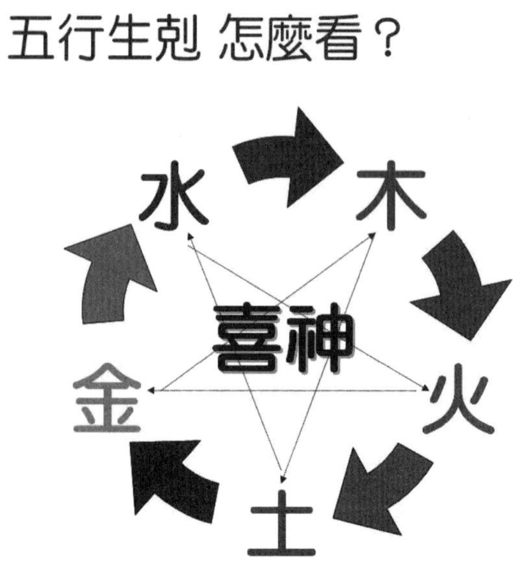

●運用喜神催發桃花與人緣，尋找你的桃花喜神

1、你的農曆出生月份

2、找到你的桃花喜神（如下圖簡表）

喜神的助力事半功倍，輕鬆獲得幸福的感情，當然你可以鐵齒不用這個方法，但是若知道了輕鬆的方法，就不用那麼辛苦了！

詳細的喜神擇用算式說明；例如：民國一○一年農曆六月三號，就是壬辰年丁未月癸未日：元神就是出生日的天干即癸；五行屬水，六月是夏季，所以四季＋元神就是夏水；夏水的喜神是什麼？思考一下！夏天的水缺乏什麼？當然還是水，因為雖然日元屬水，但是夏天的水很快會蒸發；所以喜神就是水！

當然這是有公式跟邏輯，我們建議大家理解，理解夏天會需要什麼？此時不用水要用什麼？用火嗎？把他燒乾嗎？這人的個性就會很急躁，對身體很不好，因為沒有水的滋潤，所以絕對不能再用火，火就是他的忌神；這樣的人通常喜歡穿紅色的、粉紅色，然後脾氣就越發暴躁；除了用水外還能用什麼？水不夠時，又無法直接取得水，那也可以用金來生水！此類型人的喜神就是金跟水。

舉例：曉明農曆2012/6/3出生，農民曆查出是壬辰年丁未月癸未日，曉明的元神是6月的癸；所以是夏水；夏天的水較為乾枯，所以可以再加水或金；而四幹八字中，曉明已經有水的元素了；故曉明的

農曆出生月份	喜神	農曆出生月份	喜神	農曆出生月份	喜神
1	火	2	金	3	水
4	水	5	水	6	水
7	土	8	木	9	火
10	火	11	火	12	火

喜神就用「金」。

● 喜神詳細求法

首先要知道你的元神，出生日天干的五行（請參考萬年曆）。

元神搭配四季，出生的月份是甚麼時候？農曆一二三月是春天、四五六月是夏天、七八九月是秋天、十十一十二月是冬天。

四季加上元神，就可以搭配五行生剋制化求出喜神，配合喜神的五行去選擇你的職業、投資標的。

俗語道：「男怕選錯行，女怕嫁錯郎」。其意思是：婚姻對象選擇，假若你的配偶是你喜神之所需，則顯示婚姻美滿，感情濃厚，一世恩愛之現象。例如你個人八字喜神爲「水」，剛好你的配偶出生日天干爲壬或癸（五行屬水），則代表配偶的元神即是你的喜神，可爲婚姻帶來助力。如若是忌神，則一輩子吵鬧不休，更嚴重則生離死別，由此可知，後天運相關之人事物的擇取，關係一個人一生命運格局大小相當大。以下僅就以陰陽五行日元（出生日干）於四季（春、夏、秋、冬）旺、弱喜神之擇用簡述之。

● 出生日元天干五行屬性特質

在八字學中，出生日的天干代表著自己的元神，其可分爲陰陽五行共十天干：

甲乙：陽木陰木

丙丁：陽火陰火

戊己：陽土陰土

庚辛：陽金陰金

壬癸：陽水陰水

這十個日元天干，各有其個性特質，整理如下：

甲天干 五行屬陽木，屬性爲仁，物性爲大樹。

個性優點：富有向上心、有毅力、正直不馬虎有責任感、不輕薄、能體諒、助人

個性缺點：頑固不變通、缺敏捷性、過於主觀會干涉他人想法

乙天干 五行屬陰木，屬性爲仁，物性爲小草。

個性優點：柔順溫和、表現力強、敏捷反應快、具協調性、不堅持己見、善理財

個性缺點：見風轉舵較現實、占有慾強、有心機、乏自信怯懦、依賴重、易受誘惑而受騙

丙天干 五行屬陽火，屬性爲禮，物性爲太陽。

個性優點：開朗直爽、慷慨不計較、親切、理解力強、做事積極、精力充沛、易得好感

個性缺點：性急衝動、喜怒無常、會自大、善變、三心二意

丁天干 五行屬陰火，屬性爲禮，物性爲燈火。

個性優點：溫文有禮、熱情、謹慎、思慮遠、犧牲奉獻、不善表達內心感情

個性缺點：不善拒絕、猶豫不決、善猜忌、易被聰明誤

戊天干 五行屬陽土，屬性爲信，物性爲大石。

個性優點：豁達穩重耿直、樂天不善修飾、做事有計畫條理、重情會助人

個性缺點：任性頑固、較自我欠圓融、無趣不浪漫、好面子喜被奉承、不主動

己天干 五行屬陰土，屬性爲信，物性爲田土。

個性優點：善理解吸收快、多才多藝、能深入了解問題、有彈性不固執、喜自我充實
個性缺點：內心複雜矛盾、心思不易集中、消極妥協易被人利用
庚天干 五行屬陽金，屬性爲義，物性爲刀劍。
個性優點：剛毅不服輸、積極果斷、富正義感、不虛僞、能表現、口才佳、重義氣
個性缺點：率直易得罪人、衝動易與人衝突、自我表現慾強、對事粗率不細心
辛天干 五行屬陰金，屬性爲義，物性爲金飾。
個性優點：對事細膩敏感、親切富同情心、喜創新、人際佳、善惡分明、想法獨特
個性缺點：重面子愛虛榮、任性重外表、易貪求失理性、意志薄弱經不起要求
壬天干 五行屬陽水，屬性爲智，物性爲大海。
個性優點：率性愛自由、悠閒樂觀、有勇氣智慧、面對困難不退縮、文武雙全有領導力
個性缺點：稍韌性有依賴心、作事不易堅持虎頭蛇尾、感情心思多爲情所困
癸天干 五行屬陰水，屬性爲智，物性爲晨霧。
個性優點：重道德規則、有潔癖、內向、勤奮、有耐力、思想純眞、溫和敏感、細膩冷靜
個性缺點：較拘泥、易幻想不切實、易悲觀、感情脆弱、稍神經質、過於重視生活情趣及精神感覺

●四季五行關係

1.木喜忌神擇用

解甲乙木體論：甲木乃堅剛須以金剋之，死木得火爲灰，凡事不得果也。乙木忌鐵埋根，遇金者自傷。乙木喜太陽火見，木賴丙火以通明。無火則晦其質，差矣，乙木則火多者辯舌流暢。冬之土乃

濕非乙木之所居也。中秋生甲木欲剛金剋之，有金初勞最後爲榮達。霜降後生之乙木不宜水盛，貧命、不然體多災。寒露生之乙木喜火，有火得位置於社會。木多家運榮盛、事業繁榮。木遇寒凡事多滯，喜行南方運。乙木遇霜寒枯更逢庚金剋之命則休矣。否則貧賤苦勞之命。

木水：水生木故喜水，水少不能順暢發達，多成敗或漂流之命。

木木：木之比肩重者，因多奪之心有始無終，世間態表盛，其果不美矣。

木土：木以眞土爲耕耘之功，木多土少者男爲致富之命。木少土重者則折，乃身弱不燃常多損失，土多劫（木）爲災殃。

木金：木旺得金方爲棟樑，終生福厚。金多體弱，不然一生爲衣食而勞苦，故不宜金多。金少者爲幸福之命。

木火：火旺木焚多損失，失敗。身體多勞其果不美，一生多災。

出生日干五行屬木（甲、乙），依其誕生之季節論其旺弱，對感情及對象而選用：

春月生之木，性尚寒故喜少火相扶。水火共少，名舉社會。春初生忌水盛，水多始終苦勞，水少者諸事調發達之命。

日元屬木，生於春天爲旺令。土爲其養命之源，逢金乃成棟樑，因此其喜神之擇用，正月、二月生喜火土，忌金水。三月生喜木土，忌水。

日元屬木，生於夏天爲休爲。喜水盛以潤之，夏木以水爲眞神，因此其喜神之擇用四月生喜水忌金火。五月、六月生喜水土忌金火。

日元屬木，生於秋天爲死令。初秋火勢尚炎，宜水化煞。中秋後不宜見水。秋木宜土培之，火來暖木。故其神擇用，七月生喜土水忌金。八月、九月生喜火土忌金水。

日元屬木，生於冬天爲相令。火乃調候之眞神，欲土多以培根，故喜神擇用十月、十一月、十二月生喜見火土木忌水。

2.金喜忌神擇用

金之體論：金以陰爲體，陰中含陽之精，非常堅剛之質也。頑金（庚）喜陽火（丙丁巳）煉煅則能成器物也。

金火：金多火盛最妙，逢死絕不佳。金多火少凡事不滯，乃火弱不能熔金。金少火多被煅煉太過爲消失，早舉功名而速退，金火全稱乃好命。兩金兩火最好命，金盛火衰不成器具。故喜行火運發達。金少火多行金局運及申運發達，乃火剋金成器物之理。

金水：金生水水多金沉，陰氣之極不顯名，又社會不爲用。見土能制水，不爲金之冷性所制。一金三水身體衰弱，水盛金沉乃增其寒，不能馳其鋒銳，金沉水，不能剋木之理。金強得水方助鋒銳爲發達。見水精神越秀，相當舉名社會之人物。

金木：兩金兩木財產家。一金三木頑鈍凡事百破，木旺金氣損傷易挫折也。木多見七殺傷身物事失敗，木多凡事不得功不能成名，逢木琢削威舉社會之人物。

金土：土能生金，金爲貴，能爲財。若土多金埋不顯不爲名。土少最爲妙，土多金沉乃減其光不能出世之理也。土多培養過餘，故爲頑迷之人物。喜見官星印星、萬事溫和發達。

金金：金逢金爲比肩。喜見火助者發達。若無火有比肩乃同類相傷不吉。金逢金多過剛及缺憂愈旺愈爲害之理。忌木旺、火旺、墓、沐浴之火，水多寒冷，金之比肩刑殺剋害。

出生日干五行屬金（庚、辛），依其誕生之季節論其旺弱，對感情及對象選用：春月生之金，春金尚有餘寒未盡，故喜火氣則發達。身弱（少金）者喜土相生也。

日元屬金，生於春天爲囚令。體弱性柔，身弱喜土相滋養金之質。金性扶持。忌木多金折，見水增寒。故其喜神爲土、火、金。忌投資於水、木。

日元屬金，生於夏天爲死令。金性尚弱，其氣柔軟，見土化煞，得生身兩用之妙，得金扶持精壯，木多助火傷身，遇火傷金，故其以金、土爲喜神，忌木、火。

日元屬金，生於秋天爲旺令。當權得令，其性健剛，見木無水則無用，中秋後喜旺火煅煉，見水磨洗精神越秀，若逢土多則遭埋金，見金恐有過剛則折之象。故其喜見木、火、水爲其喜神。忌金、土。

日元屬金，生於冬天爲休令。形寒性冷，其力稀薄，見火生土散寒，子母成功。土能制水助身，木多無用，見水增寒，故其喜神爲火、土。忌水。

3.火喜忌神擇用

火之體論：火以木爲體，無木火燄不長，以水爲用。無水火災甚矣。火災甚者，物事多傷。木能藏火，到寅卯將生矣。不利西、到申酉必死矣。

火水木：火旺得水方成相濟。火賴木生光，無木不能顯名，火隔水不能溶。逢水能重禮儀謙遜。水衰死，而火又虛，繁榮不久。太陽（丙）反忌林木爲仇。乃木盛陽光被遮難放其光。

火土：火逢土（被泄）凡事不明，不宜殊見土多（火埋）。諸事多滯，若見水旺（火生土，土剋水）卻爲榮達。喜神：喜生助、空亡、水助，少土。忌神：忌從局火盛、水多、木弱。

出生日干五行屬火（丙、丁），依其誕生之季節論其旺弱，對感情及對象選用：

春月生之火，木母旺能生父子勢力並行。較喜木相扶，然不宜過旺，過旺者欲水制之。土多不得舉名，火盛性急而多災。金得資財（火剋金、金生水、水剋火既濟）。日元屬火，生於春天正月生喜木金、忌水。二月生喜金水土、忌木。三月生喜金水，忌火。

夏月之火勢力甚強，卻易生災，有水制無妨，不制之命不長。逢金凡事順暢，見土得資財，但不宜太過。日元屬火，生於夏天爲旺令。其氣最旺，見金必發，見水既濟成功。故金、水爲其喜見之神，最忌木、火，必遭傾危。

秋月之火得木助之漸時成效，逢水多災，逢土甚不宜，金多（火熄）傷勢損失傷害，喜見比肩之火爲吉祥。日元屬火，生於秋天爲囚令。性息體休，其性微弱，見木生火有功，見火增輝。故木、火爲其喜神。七月生喜見木土火忌金。八、九月生喜見火木忌金水。

冬月之火乃水冷而火無勢，故喜木生之。遇水爲災，若見土制之無殃爲榮。見火諸事有利，見金難得財而爲災。火遇冬寒不烈，凡事不順見木火相扶爲要。日元屬火，生於冬天爲死令。體形亡，其氣正衰。木乃冬火之眞神，見火助其光，故其喜神宜爲木、火。最忌土、水。十、十一、十二月生喜見火木忌金水。

4.土喜忌神擇用

土之體論：土散在四維依金木水火四行爲象，故以四時爲用。火死於西。水旺於子。土賴火生，火死土囚。土喜水、水旺土虛。土逢金能成功。土多不爲貴，凡事多滯。辰戌丑未論：辰戌丑未乃土之正位陰陽各異有分。辰者含水，未藏木，水能滋育。萬物春夏爲功。戌藏火、丑育金。戌火丑金各殺萬物。故戌丑多者不爲貴。辰未之土多者爲貴命。土愛辰未，不愛丑戌也。土命論：土命四柱五行有氣者多有田產。若無田產晚年亦富貴之命。土盛無水多不平，無木（不能疏通）多滯。見火（土盛火埋難得相生）多痛苦。女子短命。戌土多者困難之命或戰鬥。辰未之人食道樂天之命。丑命多，若逢癸水能潤他人，此命乃獨立之人。忌空亡、水多、喜火配合之剋金。

出生日干五行屬土（戊、己），依其誕生之季節論其旺弱，對感情與對象而選用：

春月生之土，其勢弱喜火扶之。忌木太過（土虛被木欺，木多必為傾陷），忌水盛（土沉不能剋水，水多土流）。喜比肩與金水共有者發達。日元屬土，生於春天為死令。土氣薄弱，其勢最孤，喜火生扶，土來助力，忌水揚波，故喜神宜火、土。忌木、水之業。

夏月生之土，其勢燥烈得水，中晚年大發達。忌火旺（火多土焦）有木以助火盛必發達。日元屬土，生於夏喜火扶之。天為相令。土氣正厚，金為財星之根，得盛水滋潤必發達，故金、水為眞神，忌木、火。

秋月生之土母衰，子（金）旺，故逢金多（土變）身體弱亦多損失。金多木盛（土生金、金剋木）有幸福。火多無妨，水盛不吉，見土吉祥。日元屬土，生於秋天為休令。生機不暢，火重不厭，得土助力有吉慶。水旺土蕩，見木剋害，故其喜神宜火、土為用，忌木、金、水相侵。

冬月生之土，外觀寒內溫氣。水旺（旺土剋旺水為財）財豐。金多（母生子）我子發達速也。火盛榮達舉名，再見土則長命，乃火盛多生土，土又旺故長命。日元屬土，生於冬天為囚令。喜火溫暖，見土得助，冬土逢金，菁英盡泄，水多則為溼泥，故其喜神乃為火、土、木。忌金水。

5. 水喜忌神擇用

水之體論：天傾西北，地陷東南，亥乃出水之場所，辰為納水之方位。逆流至申為聲。故水不流西也。水性稱潤下順行者有度量，容姿豐采，若吉神相助爲貴格。十二支逆行之時，有人格能舉名，若刑沖不宜甚矣。

水火：水火同量，謂之水火既濟。乃聰明好命，火多且不宜。（火多水熱）水逢火速發達多得財，但不宜過火。

水土：水多得土方成池沼，爲平穩之命。水少土多一生多滯混沌之命，常有凶危。此乃水被土之淤塞，不能流也，土旺無發達之象。水弱必爲淤塞之理。

水金：水休囚須金旺生之。金生旺中晚年發達。金衰（不能生水）一生苦勞。金多欠缺義理人情，乃金強得水自挫其鋒。

水木：木旺乃水之氣被盜，身體弱常有災，木少諸事成就之命，木多水縮，常有損失。失敗、疾病之災厄。水逢木妻榮，木多不宜。水命論：水命常多動搖，多少有色難，故婦女忌水命。陽水（壬子）生人身弱者（日干弱），平生窮困之命。陰水（癸水）生人身弱者貴命，喜少土、八字清強相生，火之既濟，西北（金能生水）。忌空亡、水多、木多、土多、死絕等剋害。

出生日干五行屬水（壬、癸），依其誕生之季節論其旺弱，對感情與對象而選用：

春水性稍淫，再逢水或行水運有水難或色情之災，不然者災害。若見土制之則無憂矣。日元屬水，生於春天爲休令。春水性濫滔滔，尙有崩堤之力，且有自溺之憂，喜火焚木而生土制其橫流之憂，忌金、水助其氾濫成災，故其喜神爲火、土。忌金、水業。正月、二月生人喜火、土。忌木、水。三月生人喜土、金，忌木、水。

夏月之水常涸濫，故喜比肩之水或金生之，不宜見火，火多水熱常有損失災凶。日元屬水，生於夏天爲囚令。夏水外實內虛時溺涸際，執性歸源，見木洩水之氣，見火生煞，水氣受脅，忌土多制源損水。故其喜神爲金、水。忌木、火。四、五、六月生人喜金、水，忌木、火。

秋月之水乃水母金旺之故，其子水能表裏增其光，再得金助之水能澄清，水被土淤塞不宜。逢水盛（盛極必動）心動不定，住所不定，故逢土初宜晚不佳。日元屬水，生於秋天爲相令。秋水表裡光榮，氣勢旺盛，得金生之則清澄，火重則財旺，忌水多則有橫流泛濫之憂，故其喜神爲金、火，少木。忌土、水。七月生人喜金、木，忌土、水。八月生喜金、木、土，忌水。九月生忌金、水。

冬月之水稱爲專權之令有發達之道。見火稱好命，乃水遇寒不流，故喜見火扶也。日元屬水，生於冬天爲旺令。冬水其勢得時，木盛爲有情，火乃如雪中送炭，喜土以遏阻強水爲堤，故其喜神爲木、火、土。忌水。

以上乃每個人依其命理出生日干之五行元神所需之喜忌神演算與擇用。透過紫微斗數理解、尋求、經營的方式；再運用喜神，得知感情與對象的強化與選擇；你的智愛旅程將帶著你享受無憂無慮的幸福人生！

回函好禮：嫁娶擇日祕笈

合婚與擇日，是傳統的婚嫁禮俗，男女雙方的結合，除了三媒六禮之外，還要進行卜筮與合婚，生辰八字要匹配方可成婚。姻緣天註定，紅繩就在一線牽，古往非常重視這個過程，今來歷史更替，漸漸爲人所淡忘；殊不知合婚與擇日的重大意義。

簡易說來，「合婚」乃依據生辰八字，分析出男女雙方是否合得來？結了婚是否能夠興家立業、傳宗接代？現今是自由戀愛時代，故而建議在選擇對象之前，可以運用合婚的方式來選擇適合自己的對象，以避免不必要的感情困擾。

「擇日」則是想要結婚時，用來選擇訂婚、結婚、歸寧的良辰吉日，這幾個吉日必須闔家平安、雙喜臨門，避免喜事變喪事的悲劇發生；吉課就是挑選好的時間，進行祭祀、拜天地、洞房花燭夜的好時光；選得好，則光耀門楣、子孫滿堂；選不好，輕則寡合離婚，重則傷殘喪偶。

合婚需要男女雙方的八字，紫微斗數因子學以雙盤合參，運用之法已融合於「算愛」一書中，邏輯推演讓讀者一目了然，妥善經營管理您的愛情與婚姻。

「嫁娶擇日」！如何選擇好日子圓滿您的初夜？不至於造成後遺症，影響著未來感情的順利與婚姻的幸福，讀者只要填寫好回函資料，Email至智林文化信箱（見第200頁），將可得到「嫁娶擇日祕笈」電子檔。

原來幸福圓滿就在老祖宗的智慧中。

本書光碟使用說明

光碟包含

結婚時機點 資料夾

01 演算結婚時機點 命宮子位.PDF
02 演算結婚時機點 命宮丑位.PDF
03 演算結婚時機點 命宮寅位.PDF
04 演算結婚時機點 命宮卯位.PDF
05 演算結婚時機點 命宮辰位.PDF
06 演算結婚時機點 命宮巳位.PDF
07 演算結婚時機點 命宮午位.PDF
08 演算結婚時機點 命宮未位.PDF
09 演算結婚時機點 命宮申位.PDF
10 演算結婚時機點 命宮酉位.PDF
11 演算結婚時機點 命宮戌位.PDF
12 演算結婚時機點 命宮亥位.PDF

如何查詢自己的命盤？
GOOGLE 關鍵字：**免費排命盤**
於任一可排盤的網頁，輸入您的性別、出生年月日時，即可得命盤！

點入上列您命宮天干位置的 PDF 檔後，
點開您所屬的生肖分頁。
例如：
屬鼠或馬的人，請查詢「鼠馬」的分頁
屬牛或羊的人，請查詢「牛羊」的分頁
屬虎或猴的人，請查詢「虎猴」的分頁
屬兔或雞的人，請查詢「兔雞」的分頁
屬龍或狗的人，請查詢「龍狗」的分頁
屬蛇或豬的人，請查詢「蛇豬」的分頁

再根據您的民國出生年尾數和命宮星宿連線，即可找出您的結婚時機點！

姻緣危機點 資料夾

01 演算姻緣危機點 命宮子位.PDF
02 演算姻緣危機點 命宮丑位.PDF
03 演算姻緣危機點 命宮寅位.PDF
04 演算姻緣危機點 命宮卯位.PDF
05 演算姻緣危機點 命宮辰位.PDF
06 演算姻緣危機點 命宮巳位.PDF
07 演算姻緣危機點 命宮午位.PDF
08 演算姻緣危機點 命宮未位.PDF
09 演算姻緣危機點 命宮申位.PDF
10 演算姻緣危機點 命宮酉位.PDF
11 演算姻緣危機點 命宮戌位.PDF
12 演算姻緣危機點 命宮亥位.PDF

點入上列您命宮天干位置的 PDF 檔後，
點開您所屬的生肖分頁。
例如：
屬鼠或馬的人，請查詢「鼠馬」的分頁
屬牛或羊的人，請查詢「牛羊」的分頁
屬虎或猴的人，請查詢「虎猴」的分頁
屬兔或雞的人，請查詢「兔雞」的分頁
屬龍或狗的人，請查詢「龍狗」的分頁
屬蛇或豬的人，請查詢「蛇豬」的分頁

再根據您的民國出生年尾數和命宮星宿連線，即可找出您的姻緣危機點！

如何排出紫微斗數命盤 PDF

有心學習紫微斗數的讀者，光碟中的「如何排出紫微斗數命盤」教您如何自己排出自己的命盤，可以更精進自己的命理功力，一解命盤中的奧妙。

國家圖書館出版品預行編目資料

算你好姻緣：3步驟,告訴你真愛何時來,誰是對的人! / 阮翔鉞, 洪紹魁合著. -- 初版. -- 新北市：智林文化, 2017.08
面； 公分. -- (新生活視野；29)

ISBN 978-986-7792-67-9(平裝)

1.紫微斗數

293.11 106010610

書　名 / **算你好姻緣：**3步驟，告訴你真愛何時來，誰是對的人！
系　列 / 新生活視野 29

作　者 / 阮翔鉞、洪紹魁
編　輯 / 黃懿慧
校　對 / 黃懿慧、邱月亭、董彥秀、李綺華、陳品方、唐亮凱、吳姵萱、吳姵靚、曾慧華、游舜雯、郭翠玲、詹懿任、耿玉翰、吳孟融、黃家儀
排　版 / 弘道實業有限公司
設　計 / 比比司設計工作室
圖　片 / Pony、王威傑（本書P.172）
出版者 / 智林文化
地　址 / 新北市中和區中山路2段530號6樓之1
電　話 / (02) 2222-7270
傳　真 / (02) 2222-1270
網　站 / www.guidebook.com.tw
E- mail / notime.chung@msa.hinet.net
Facebook / www.facebook.com/bigtreebook
總經銷 / 旭昇圖書有限公司
地　址：新北市中和區中山路2段352號2樓
電　話：(02)2245-1450
傳　真：(02)2245-1479
初　版 / 2017年08月

本書如有缺頁、破損、裝訂錯誤，請寄回本公司更換

ISBN / 978-986-7792-67-9

定價 / 300元

Printed in Taiwan

魁鉞運星

現代科技文明盛行，人心充滿無奈與空虛，魁鉞運星有感於人世間的苦厄太多，不忍獨善其身。魁鉞運星老師運用『紫微斗數因子學』、古傳尋龍尺能量勘測、道醫砭術以及開運水晶，指點迷津助人無數，更編寫命理生活運用書籍，讓社會大眾能夠接觸到五術學術的奇妙助益與運用。

魁鉞運星獨家精研之『紫微斗數因子學』，人與人磁場碰撞組合產生助力或阻力因子，藉此學習、認識自己的命運，掌握未來的機遇，可以營造幸福美滿的感情婚姻及掌握先機的財富與事業，在競爭激烈的社會裡出人頭地，經營幸福美滿的人生！

居家風水能量勘測

傳統堪輿導入『風水能量磁場學』，更上層樓，讓許多商家住宅鬼斧神工，徹底發揮風水助力。

身心靈諮詢、人生規劃

千金難買早知道！如何把握方向、出人頭地？從命盤星曜的排列，了解一生行運吉凶、婚姻家庭、財運旺弱及事業成敗等……，勝於未戰之時，以免蹉跎寶貴時間。

道醫砭術教學、養生諮詢

魁鉞運星獨門『道家砭術養生』法門，承傳老祖宗智慧，遵循道家古法，運用高能量礦石保健經絡，讓家人及孩子自然提升免疫力，戰勝病毒。

嫁娶吉課、剖腹擇日、喜慶擇吉 嬰兒命名、公司命名、吉祥改名

魁鉞老師願為盞明燈，指引有緣人迎向幸福人生！

開運水晶設計、高能量晶工

經魁鉞老師檢測，嚴選出高能量之寶石，結合設計師 SaRah· Fu 獨特的巧思與工藝，為您量身打造開運飾品。

魁鉞運星 x SaRaH・FU

【心鎖】獨家設計隨身護體的"高能量七星陣"系列

經魁鉞老師檢測，嚴選高能量之水晶，結合設計師 SaRah・ Fu
獨特巧思與細膩工藝，為您量身打造開運飾品。
心鎖造型的飾品上，鑲嵌了高能量寶石組合的七星陣，護體
開運，能量加倍。
開課訊息及相關資訊，請見 FB 魁鉞運星尋夢圓地

【成分】
總重 4.45 克拉圓粒形高能量紫水晶；
925 純銀精鍍 18K750 白 K 金；
925 純銀鍊 24 吋精鍍 18K750 白 K 金；
【尺寸】
約為 50.00mm X 24.00mm
925 純銀鍊加上小巧思，設計為 18 吋、24 吋兩用鍊

魁鉞運星身心靈課程介紹

紫微斗數生活講座、紫微斗數專業教學、勘輿風水能量學、道家養生學

身心靈生活講座

陰陽學五術融入生活化、淺顯易懂，導引經營圓滿生活的訣竅，學習與人事物相處融洽的簡易法門。
陰陽學——開運理財富貴來 2017 運勢預測解析
紫微斗數算錢秘笈——掌握時機、輕鬆理財致富
紫微斗數算愛秘笈——訂製一個完美的 Mr. or Miss Right
紫微斗數算王秘笈——天時地利人和、決勝未戰之時
紫微斗數算人秘笈——組織成功雙贏的團隊與伴侶
紫微斗數職能性向——兒童、青少年、社會新鮮人職能輔導
自然養生生活講堂　能量養生金工講堂
能量養生美容講堂　親子陰陽家夏令營、冬令營
依照學員需求客製化安排講堂

紫微斗數專業教學

一、紫微斗數初級班 24h
陰陽學概念、五行基礎、紫微斗數基礎、命表排盤演練(人生地圖)、封神演義與紫微斗數、紫微諸星、星性介紹、天府諸星及其他星性介紹、格局介紹。

二、紫微斗數中級班 24h~36h
紫微斗數命盤一四四宮詳徵博引、名人命盤介紹與驗證

三、紫微斗數高級班 48h

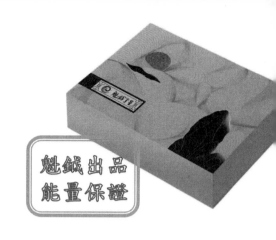

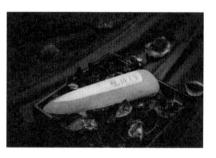

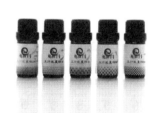

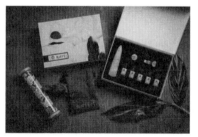

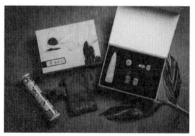

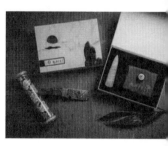

智 林 文 化

請填寫以下資料，並翻拍此頁，

Email至service@guidebook.com.tw索取回函贈品

「嫁娶擇日祕笈」。

書　　名：	**算你好姻緣：3步驟，告訴你真愛何時來，誰是對的人！**
姓　　名：	（必填）
性　　別：	□男　□女　（必填）
出生日期：	□國曆　□農曆〔請擇一，並打勾〕
	＿＿年＿＿月＿＿日＿＿時辰
電　　話：	室內電話：＿＿＿＿＿＿　手機：＿＿＿＿＿＿
E-mail：	（必填）
通訊地址：	□□□
學　　歷：	□研究所　□大學　□專科　□高中（職）　□國中
職　　業：	□商　□工　□學生　□公家機關　□自由業　□其他

★購書地點：＿＿＿＿＿＿書局＿＿＿＿＿分店　其它＿＿＿＿＿＿

★從何處知道本書：□逛書店　□朋友介紹　□廣告DM　□其它

★您對本書的意見：內　　容＿＿＿＿1.豐富　2.尚　可　3.再加強

封面設計＿＿＿＿1.滿意　2.尚　可　3.改　進

編　　輯＿＿＿＿1.滿意　2.尚　可　3.改　進

價　　格＿＿＿＿1.偏高　2.可接受　3.偏　低

★您的建議：＿＿＿＿＿＿＿＿＿＿＿＿＿＿＿＿＿＿＿＿

＿＿＿＿＿＿＿＿＿＿＿＿＿＿＿＿＿＿＿＿＿＿＿＿＿＿

＿＿＿＿＿＿＿＿＿＿＿＿＿＿＿＿＿＿＿＿＿＿＿＿＿＿